中国工程建设标准化协会标准

国家公路网重点桥梁和隧道监测评价规程

Evaluating Specifications for Supervision and Test of the Key Bridges and Tunnels of National Road Network

T/CECS G:E41-04—2019

主编单位:交通运输部路网监测与应急处置中心
批准部门:中国工程建设标准化协会
实施日期:2019 年 10 月 01 日

人民交通出版社股份有限公司

图书在版编目(CIP)数据

国家公路网重点桥梁和隧道监测评价规程：T/CECS G:E41-04—2019 / 交通运输部路网监测与应急处置中心主编. — 北京：人民交通出版社股份有限公司, 2019.8

ISBN 978-7-114-15784-4

Ⅰ. ①国… Ⅱ. ①交… Ⅲ. ①桥梁工程—检测—技术规范—中国②隧道工程—检测—技术规范—中国 Ⅳ. ①U446-65②U453.6-65

中国版本图书馆 CIP 数据核字(2019)第 185389 号

标准类型: **中国工程建设标准化协会标准**
标准名称: **国家公路网重点桥梁和隧道监测评价规程**
标准编号: T/CECS G:E41-04—2019
主编单位: 交通运输部路网监测与应急处置中心
责任编辑: 李 沛 王海南
责任校对: 孙国靖 扈 婕
责任印制: 张 凯
出版发行: 人民交通出版社股份有限公司
地 址: (100011)北京市朝阳区安定门外外馆斜街 3 号
网 址: http://www.ccpcl.com.cn
销售电话: (010)85285857
总 经 销: 人民交通出版社股份有限公司发行部
经 销: 各地新华书店
印 刷: 北京市密东印刷有限公司
开 本: 880×1230 1/16
印 张: 6
字 数: 153 千
版 次: 2019 年 8 月 第 1 版
印 次: 2025 年 4 月 第 5 次印刷
书 号: ISBN 978-7-114-15784-4
定 价: 60.00 元

中国工程建设标准化协会

公　　告

第432号

关于发布《国家公路网重点桥梁和隧道监测评价规程》的公告

根据中国工程建设标准化协会《关于印发〈2017年第一批工程建设协会标准制订、修订计划〉的通知》（建标协字〔2017〕014号）的要求，由交通运输部路网监测与应急处置中心等单位编制的《国家公路网重点桥梁和隧道监测评价规程》，经本协会公路分会组织审查，现批准发布，编号为T/CECS G:E41-04—2019，自2019年10月1日起施行。

二〇一九年五月六日

前　言

随着公路网规模不断扩大和养护高峰期来临,2010 年起交通运输部开展了国家干线公路技术状况监测工作,监测工作内容包括干线公路路况检测、重点桥梁和隧道监测等。这项工作是行业监管工作的重要组成部分,对保障公路交通基础设施安全,推动运营桥梁、隧道养护管理工作向标准化、规范化、科学化发展起到了重要作用。

为进一步规范技术状况监测工作的组织与实施,建立科学、统一的既能客观呈现结构技术现状,也能反映养护管理水平的评价标准,确保监测工作有效、长效开展,中国工程建设标准化协会以建标协字〔2017〕014 号文下达了《国家公路网重点桥梁和隧道监测评价规程》(以下简称"本规程")的制定计划,由交通运输部路网监测与应急处置中心负责编制。

本规程分为 8 章、12 个附录,主要内容包括:1 总则、2 术语、3 基本规定、4 技术状况抽检与复核、5 养护管理状况监督检查、6 监督检查评价、7 数据管理、8 作业安全防护,附录 A 重点桥梁/隧道监测报告标准撰写大纲、附录 B 重点桥梁/隧道总报告标准撰写大纲、附录 C 重点桥梁技术状况复核方法与标准、附录 D 重点隧道技术状况复核内容、附录 E 隧道机电设施抽样评价方法、附录 F 重点桥梁/隧道养护管理状况备查资料清单、附录 G 重点桥梁养护管理状况监督检查评价标准、附录 H 重点隧道养护管理状况监督检查评价标准、附录 J 重点隧道技术状况复核方法与标准、附录 K 重点监测桥梁上报数据附表、附录 L 重点监测隧道上报数据附表、附录 M 挂牌督办核销报备表。

本规程由中国工程建设标准化协会公路分会负责归口管理,由交通运输部路网监测与应急处置中心负责具体技术内容的解释,在执行过程中如有意见或建议,请函告本规程日常管理组,中国工程建设标准化协会公路分会(地址:北京市海淀区西土城路 8 号,邮编:100088,电话:010-62079839,传真:010-62079983,电子邮箱:shc@rioh.cn),或王聪(地址:北京市朝阳区安定路 5 号院外运大厦 A 座 21 层,邮编:100029,电话:010-65299196,传真:010-65299110,电子邮箱:by233@139.com),以便修订时研用。

主 编 单 位: 交通运输部路网监测与应急处置中心

参 编 单 位: 中交公路规划设计院有限公司
交通运输部公路科学研究院
中交第一公路勘察设计研究院有限公司
北京中交泰成路桥科技有限公司
招商局重庆交通科研设计院有限公司

中交国通公路工程技术有限公司

主　　　编:虞丽云

主要参编人员:许宏元　宋　宁　秦　峰　张新越　邹小春　王　聪
王照健　胡　斌　王　灏　李悦玲　李万恒　冯良平
宿　健　孙　磊　秦　洲　秦之富　郭兴隆　王世伟
王超颖　辛　飞　刘文斌

主　　　审:郜玉兰

参与审查人员:张劲泉　王松波　杨　亮　李春风　郭小红　宋一凡
郭留红　叶见曙　侯　芸　王众毅

目　次

1　总则

1.0.1　为规范国家公路网重点桥梁和隧道监测工作,提高工作的科学性和合理性,特制定本规程。

1.0.2　本规程适用于国家公路网重点桥梁和隧道技术状况监测工作。

1.0.3　国家公路网重点桥梁和隧道监测工作除应符合本规程的规定外,尚应符合国家和行业现行有关标准的规定。

2 术语

2.0.1 重点桥梁和隧道 key bridges and tunnels

从国家重点监测桥梁/隧道库中抽取,并纳入部级重点监测桥梁/隧道管理系统的桥梁和隧道。

2.0.2 监测 supervise and test

对重点桥梁和隧道进行技术状况和养护管理状况的监督与检查。

2.0.3 受检单位 acceptance inspection institutions

省级交通运输主管部门和受检的重点桥梁和隧道养护管理单位。

2.0.4 监测组 supervising and testing group

承担国家公路网重点桥梁/隧道监测任务的工作组。

3 基本规定

3.1 一般规定

3.1.1 国家公路网重点桥梁/隧道监测工作应按年度发布监测通知及监测结果。

3.1.2 受检单位应根据现行《公路养护安全作业规程》(JTG H30)编制重点桥梁/隧道监测现场交通组织安全保障方案。

3.1.3 重点桥梁/隧道宜按建设采用的设计标准进行监测。

3.2 监测评价工作内容

3.2.1 重点桥梁/隧道监测评价应包括技术状况抽检与复核、养护管理状况监督检查和评价。

3.2.2 技术状况抽检与复核应包括:

1 抽检桥梁关键受力部位和结构易损构件,核查养护管理工作中发现的主要问题,复核桥梁最近一次技术状况评级。

2 抽检隧道土建结构、机电设施和其他工程设施,核查养护管理工作中发现的主要问题,复核隧道最近一次技术状况评级。

3.2.3 养护管理状况监督检查应包括桥梁/隧道养护工作制度、标准规范和部重点工作的执行情况。

3.2.4 应依据技术状况抽检与复核和养护管理状况监督检查结果,对省级交通运输主管部门和重点桥梁/隧道作出监督检查评价。

3.3 监测评价工作程序

3.3.1 重点桥梁/隧道监测评价工作程序宜分为前期准备、现场监测、数据处理和工作验收四个阶段。监测组可依据图 3.3.1 的流程开展监测评价工作。

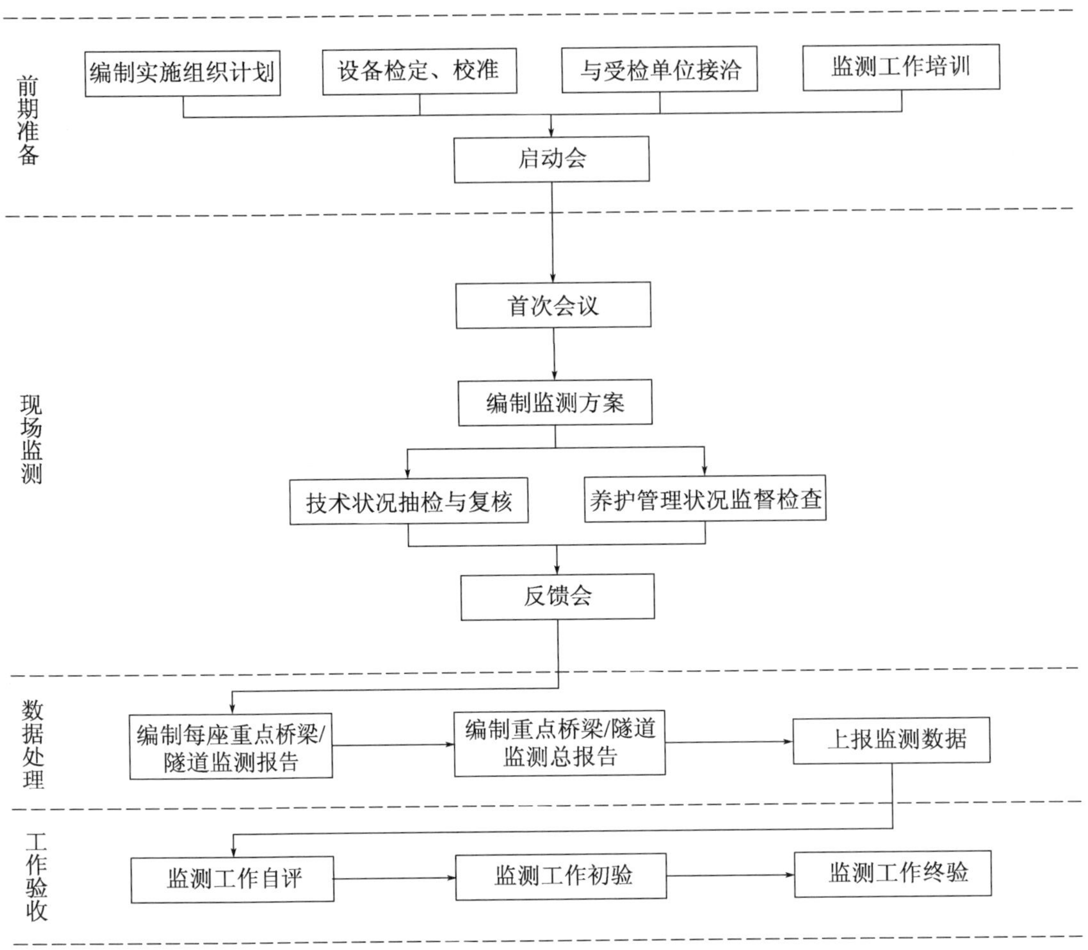

图 3.3.1 重点桥梁/隧道监测评价工作流程图

3.3.2 前期准备阶段的工作程序应符合下列规定:

1 编制监测工作组织实施计划,完成设备检、校工作;

2 组织召开监测工作启动会;

3 开展监测工作的培训;

4 提前做好与受检单位的沟通与协调。

条文说明

1 重点桥梁/隧道监测工作组织实施计划是监测工作实施的总体依据,包括人员、组织、责任、分工、技术保障(检测标准、文档要求)等内容。

3.3.3 现场监测阶段应按逐座重点桥梁/隧道实施,按照首次会议、编制单座桥梁/隧道现场检测方案、现场监测、反馈会的顺序开展工作。

3.3.4 首次会议应由重点桥梁/隧道的省级交通运输主管部门组织召开,内容应包括:

1 省级交通运输主管部门介绍本辖区桥梁/隧道管理工作；

2 受检桥梁/隧道养护管理单位介绍受检桥梁/隧道养护管理基本情况；

3 监测组介绍重点桥梁/隧道监测工作内容、流程和需要受检单位配合的事项；

4 明确监测组与受检单位双方联系人。

3.3.5 监测组在进行现场监测前，应针对受检的桥梁/隧道编制现场监测方案。

条文说明

开展监测工作前，监测组联系桥梁/隧道养护管理单位，收集桥隧相关基础资料和检查检测资料，在熟悉桥梁/隧道结构形式和病害分布情况的基础上，编制现场监测方案，做到“一桥/隧一方案”。方案中有针对性地规定进行抽检的区段或部位及复核的内容方法。

3.3.6 现场监测分为技术状况抽检与复核和养护管理状况监督检查。具体工作内容和要求应符合本规程第4章和第5章的规定。

3.3.7 现场监测结束后，应由重点桥梁/隧道的省级交通运输主管部门组织召开反馈会。会议内容包括监测组反馈重点桥梁/隧道监测初步成果和参会各方交换意见。

条文说明

反馈会上，监测组汇报的成果为监测工作的初步成果；最终成果在监测工作最终验收后提交。

3.3.8 监测工作验收分为监测工作自评、监测工作初验和监测工作终验三个阶段。在监测工作终验后，监测组应按本规程第7章的相关要求，提交并上报全部过程及成果资料。

条文说明

监测组完成全部现场监测工作、并按本规程第3.4节和第7章的要求完成监测报告和数据上报，然后进入监测工作验收阶段，并依据《国家公路网技术状况监测项目验收管理办法》（交路网〔2017〕6号）组织开展。

3.4 监测报告

3.4.1 监测组应编制每座桥梁/隧道的监测报告，报告章节宜参照本规程附录A，包括下列内容：

1 概况；

2 桥梁/隧道监测组织实施;

3 省级交通运输主管部门养护管理状况;

4 桥梁/隧道技术状况抽检与复核;

5 桥梁/隧道养护管理单位养护管理状况;

6 桥梁/隧道监督检查评价;

7 结论与建议。

3.4.2 应编制《国家公路网重点桥梁/隧道监测总报告》,报告章节宜参照本规程附录B,包括下列内容:

1 监测实施概况;

2 省级交通运输主管部门养护管理状况;

3 监测桥梁/隧道养护管理状况;

4 监测桥梁/隧道技术状况抽检与复核;

5 监测桥梁/隧道监督检查评价;

6 统计分析;

7 结论及建议。

3.5 现场监测组人员要求

3.5.1 总负责人应由具备正高级职称、5年以上检测经历的检测工程师(桥梁/隧道)担任,承担过部、省级国省干线公路桥梁/隧道检测项目管理,掌握行业标准、政策,具有较高的桥隧检测评估能力和丰富的项目管理经验。

3.5.2 技术负责人应由具备高级职称、10年以上检测经历的桥梁、隧道、交通工程(机电)检测工程师担任,承担过部、省级国省干线公路桥梁/隧道检测技术负责人或主要技术人员,掌握行业标准、政策,具有较高的桥隧检测评估能力。

3.5.3 其他人员应具有桥梁/隧道助理检测工程师(检测员)、交通工程(机电、交安)助理检测工程师(检测员)及以上资格。现场安全员应具有交通运输部或住房和城乡建设部颁发的C级及以上安全考核合格证。

3.6 选取原则

3.6.1 重点桥梁宜按下列原则选取:

1 国家公路网中的特大桥或大桥;

2 运营10年及以上,且近3年内没有进行过改造工程(不包括桥面系改造);

3 桥型结构宜具有代表性,涵盖梁式桥、拱式桥、缆索体系桥、组合体系桥等;

4 技术状况等级宜涵盖一至五类。

3.6.2 重点隧道宜按下列原则选取：

1 国家公路网中的特长隧道或长隧道；

2 运营5年及以上；

3 技术状况等级宜涵盖一至五类；

4 在满足上述条件的基础上，满足下列任一条件的隧道：

1）年平均日交通量AADT≥10 000辆/日的高速公路隧道，或年平均日交通量AADT≥5 000辆/日的普通国道隧道；

2）大跨及特殊结构形式的隧道；

3）两省（自治区、直辖市）交界的隧道；

4）穿越特殊不良地质、特殊地理条件的隧道。

条文说明

4 大跨隧道指单洞三车道及以上隧道，特殊结构形式隧道指连拱隧道、小净距隧道、双层结构隧道、地下立交隧道等。特殊不良地质指隧道围岩为黄土、膨胀性围岩、大变形围岩等。特殊地理指跨海、跨江河或海拔3 000m以上。

4 技术状况抽检与复核

4.1 一般规定

4.1.1 桥梁/隧道养护管理单位应协助监测组开展工作,介绍桥梁、隧道养护过程中发现的主要问题与病害,提供相关记录和影像资料;负责现场检测期间的交通组织工作,为现场检测工作提供必要的条件,并组织养护技术人员协助检查。

4.1.2 双幅桥梁应分别进行复核评价。

4.1.3 双洞隧道应选取其中一个隧道主洞进行复核评价。

4.2 重点桥梁抽检与复核内容

4.2.1 检测前应查阅桥梁建设期基础资料、运营期检测报告、加固维修资料等技术文件,结合桥梁养护管理单位情况汇报,对重点桥梁单独制定有针对性的检测方案,检测方案应包括:

1 桥梁结构现有病害和已开展的维修情况;

2 结构关键受力和易损部位的识别、分析;

3 抽检桥跨、部件、构件及相应检查内容;

4 拟投入的相应检测仪器、设备;

5 结构病害的发展状况和维修措施的效果;

6 现场检测时间计划。

4.2.2 桥梁技术状况抽检与复核对桥跨、部件、构件的选取应符合下列原则:

1 最近一次定期检查中有缺陷或有代表性的桥跨、部件、构件;

2 加固维修过的桥跨、部件、构件;

3 桥梁结构关键受力部位、重要部位和易出现缺陷部位;

4 主桥应抽检不少于30%的桥跨,且不得少于2跨;引桥应抽检不少于20%的桥跨,且不得少于1跨,抽检桥跨应涵盖桥梁全部跨径和结构形式。

4.2.3 桥梁技术状况抽检与复核应包含下列内容:

1 结构主要病害的现场抽检、复核,并评价养护维修效果;
2 对桥梁最近一次定期检查做出复核性评价;
3 复核永久观测点,对桥面高程及线形、变位等指标进行检查;
4 对桥梁安全运营及安全区管理进行检查和评价;
5 对桥梁检查通道设置情况进行检查和评价;
6 对损坏严重、危及安全运行的桥梁,及时提出限制交通的建议。

条文说明

4 检查按《交通运输部关于进一步加强公路桥梁养护管理的若干意见》(交公路发〔2013〕321 号)的“加强桥梁安全保护区管理”相关内容和交通运输部《公路长大桥隧养护管理和安全运行若干规定》(交公路发〔2018〕35 号)的第八条、第三十四条的相关要求进行。

4.2.4 重点桥梁各部件检查内容应按表 4.2.4 的规定执行。

表 4.2.4 重点桥梁各部件检查内容

序号	部件	检查内容
1	梁式桥上部结构	表观缺陷检查
		跨中挠度及结构变位(单孔跨径 60m 及以上的桥跨或结构出现明显的异常变位时)
		保护层厚度检测(必要时)
		钢筋锈蚀检测(必要时)
2	拱桥上部结构	表观缺陷检查
		主拱圈变形情况
		上下锚头、系杆锚固区,吊杆索力测试
		保护层厚度检测(必要时)
		钢筋锈蚀检测(必要时)
3	钢结构	表观缺陷检查
		跨中挠度、结构变位情况(单孔跨径 60m 及以上的桥跨或结构出现明显的异常变位时)
		钢箱梁内部湿度量测
		钢-混凝土组合梁桥,按本表第 1 条执行
4	斜拉桥上部结构及桥塔	表观缺陷检查
		上下锚头及锚固区
		拉索索力测试
		主梁或加劲梁的检测,按本表第 1、3 条执行
		桥塔变位

续上表

序　号	部　件	检查内容
5	悬索桥上部结构及桥塔	表观缺陷检查
		主缆线型
		索夹、索鞍
		吊索索力
		主梁或加劲梁的检测,按本表第1、3条执行
		桥塔变位
6	支座	表观缺陷检查
7	锚碇、墩台与基础	表观缺陷检查,悬索桥包括对锚杆、散索鞍的表观缺陷检查
		锚室内温湿度情况、渗水情况
		墩、台基础变位
8	桥面系	桥面铺装、伸缩缝、护栏栏杆、排水系统表观缺陷检查
		交通信号、照明设施表观情况,是否损坏、失效
		标志、标线是否清晰、完整、连续
9	河床及调治构造物	桥位段河床有无明显冲淤或漂流物堵塞现象,有无冲刷及变迁状况。河底铺砌是否完好
		调治构造物是否完好,功能是否适用
10	附属设施	检查通道
		减震装置是否完好
		墩台防撞设施
		结构物内供养护检修的照明系统
		防抛网、声屏障是否完好
		桥梁健康监测系统仪器设备
		除湿设备

4.2.5 应对维修加固过的主要构件和易损构件进行现场检查,结合维修加固工程验收资料进行对比,评价维修加固效果。

4.3 重点桥梁抽检与复核方法

4.3.1 应根据现场抽检结果,对最近一次桥梁定期检测报告进行复核,方法见本规程附录C。

4.3.2 应对桥梁永久性观测点、检修通道设置、安全保护区管理进行复核,方法见本规程附录C。

4.3.3 应对桥梁维修处治的及时性和养护维修效果进行复核,方法见本规程附录 C。

4.3.4 应对桥梁风险管理和隐患排查工作制度、风险辨识手册、风险动态监控机制、防控措施和后评价情况进行复核,方法见本规程附录 C。

4.3.5 桥梁检测方法主要以目测结合仪器进行,对于无法抵近检查的部位可辅以无人机、爬索机器人及高清摄像机等设备进行检查。

4.4 重点隧道抽检与复核内容

4.4.1 应根据隧道土建结构、机电设施及其他工程设施现状,结合隧道养护管理单位情况汇报,查阅隧道建设期间的基础资料、运营维护资料,加固维修资料等技术文件,确定检测内容、范围、方式和程序,针对每一座抽检隧道制定检测方案,检测方案应包括:

1 隧道土建结构主要病害与处治情况,机电设施运行状况与维修情况;

2 隧道土建结构各项检测项目的段落或具体桩号,机电设施各系统检测项目与桩号或编号;

3 拟投入的人员、仪器与设备;

4 现场检测时间计划。

4.4.2 重点隧道技术状况抽检应分为土建结构、机电设施及其他工程设施。

4.4.3 土建结构抽检内容应包括常规项目和专项检测项目,具体检测内容见本规程表 D-1。

4.4.4 机电设施抽检内容应包括供配电设施、照明设施、通风设施、消防设施、监控与通信设施。

4.4.5 其他工程设施抽检内容应包括电缆沟、设备洞室、洞口联络通道、洞口限高门架、洞口绿化、消音设施、减光设施、污水处理设施、洞口雕塑、隧道铭牌、附属房屋,具体检测内容及方法遵照本规程表 D-3。

4.4.6 土建结构常规项目抽检,当隧道长度≤3 000m 时应全部检测;当隧道长度 > 3 000m时,检测长度应不小于 3 000m。

4.4.7 土建结构专项检测应选择隧道建设期出现过不良地质地段或运营中衬砌有典型病害或维修加固过的段落。其中,洞身地质雷达抽检长度不应少于 500 延米,地质雷达纵向测线宜不少于 5 条,提供衬砌背后空洞和欠厚段起止桩号,并应按 10m 间距提供衬砌厚度值。

条文说明

土建结构专项检测的目的是为了让受检单位了解隧道土建结构状况,以利于养护工作有目的地开展。

4.4.8 机电设施抽检时,应根据设施运营维护状况确定检测项目。当隧道长度≤3 000m时,各类设施抽样频率应为20%,且总抽样数不应少于3个;当设施项目总数少于3处时,应全部检测。当隧道长度>3 000m时,应选取其中3 000m后再按上述原则抽样检测。

4.4.9 监测时应加强对土建和机电设施中出现过严重病害或维修加固的段落、设备及系统重大损害故障的检查。

4.5 重点隧道抽检与复核方法

4.5.1 技术状况复核应包括隧道土建结构、机电设施、其他工程设施。

4.5.2 隧道土建结构、机电设施及其他工程设施的技术状况评定标准应按照现行《公路隧道养护技术规范》(JTG H12)中的评定方法进行。

4.5.3 应结合隧道现场检测结果,对隧道最近一次定期检查(修)技术状况评定等级进行评定复核。

4.5.4 对机电设施技术状况进行复核时,监测组应根据隧道机电设施配备情况,制定抽检方案,现场核对机电设备实际状况,然后与受检单位提供的最近一期技术状况评定资料、设备检查维修记录进行比较,按照式(4.5.4)计算机电设施技术状况复核评价值,按表4.5.4进行复核评价。

$$\text{机电设施技术状况复核评价值} = \frac{\text{比对项现场检查结果(好于或等于)项次}}{\text{总比对项次}} \tag{4.5.4}$$

表4.5.4 机电设施技术状况复核评价表

评价结果	一致	基本一致	不一致
机电设施技术状况复核评价值	100%	<100%,≥90%	<90%

4.5.5 当出现下列情况时,受检隧道机电设施技术状况复核评价应按本规程附录E的规定进行。

1 受检隧道未按照现行《公路隧道养护技术规范》(JTG H12)规定开展隧道机电设

施技术状况评定。

2 受检单位不能提供完整的受检隧道机电设施日常巡查、经常检修、定期检修记录(报告)或设备完好率统计数据。

3 机电设施技术状况复核评价结果为不一致。

4 本规程表 E.0.2 中“△”号项检查结果差于最近一次报告结果或最近记录。

条文说明

1、2 当受检单位没有按规范开展养护,将无法按规范采用完好率统计进行机电设施技术状况复核。

4 表 E.0.2 中“△”号项,是表征设备状况的关键参数,这些参数的误判会严重误导机电设备的养护管理工作,说明受检单位提供的机电设施技术状况判定存在严重的偏差。

5 养护管理状况监督检查

5.1 一般规定

5.1.1 重点桥梁/隧道养护管理状况分为能力、执行力和成效三个方面,监督检查时应根据不同的监测对象选取每类项目的检查内容,完成相应评价。

条文说明

重点桥梁养护管理状况监督检查的内容主要依据《公路桥梁养护管理工作制度》(交公路发〔2007〕336号)、《交通运输部关于加强公路桥梁养护管理工作的若干意见》(交公路发〔2013〕321号)和《公路长大桥隧养护管理和安全运行若干规定》(交公路发〔2018〕35号)的要求。隧道部分的内容主要依据现行《公路隧道养护技术规范》(JTG H12)的规定,并参照桥梁部分的形式进行确定。

5.1.2 省级交通运输主管部门和重点桥梁/隧道养护管理单位应按本规程附录F的要求准备相关资料,并在监测期间做好协调和配合工作。

5.1.3 监测组应采用资料查阅、座谈交流、监测组打分等方式开展工作。

5.2 重点桥梁监督检查内容与标准

5.2.1 能力应包括下列内容:

1 责任划分制度;

2 资金保障制度;

3 养护工程师制度;

4 省级交通运输主管部门的监测制度。

5.2.2 执行力应包括下列内容:

1 信息公开制度;

2 例行检查制度;

3 分类处置制度;

4 技术档案管理制度;

5 定期培训制度；
6 省级交通运输主管部门的年度报告制度。

5.2.3 成效应包括下列内容：
1 省级交通运输主管部门的挂牌督办制度和超限超载车辆治理；
2 桥梁保护区管理；
3 通行安全管理；
4 省级交通运输主管部门的养护技术创新；
5 危桥改造及其他。

5.2.4 重点桥梁养护管理状况监督检查能力、执行力和成效的评价标准应符合本规程表 G-1、表 G-2 的要求。

5.3 重点隧道监督检查内容与标准

5.3.1 能力应包括下列内容：
1 制度建设与落实；
2 资金保障制度；
3 养护工程师制度与专业化管理；
4 省级交通运输主管部门的监测制度。

5.3.2 执行力应包括下列内容：
1 信息公开制度；
2 隧道养护管理单位开展的检查与评定、功能维持或加固情况；
3 技术档案管理；
4 定期培训制度；
5 省级交通运输主管部门的年度报告制度。

5.3.3 成效应包括下列内容：
1 省级交通运输主管部门的挂牌督办制度和超限超载车辆治理；
2 隧道养护管理单位开展的附属设施管理和通行安全管理情况；
3 基础管理与养护技术创新；
4 隧道专项处治及其他。

5.3.4 重点隧道养护管理状况监督检查能力、执行力和成效的评价标准应符合本规程表 H-1、表 H-2 的要求。

6 监督检查评价

6.1 重点桥梁技术状况评价

6.1.1 重点桥梁技术状况评价(BT)应按表6.1.1建立评价指标体系,评价方法与标准见本规程附录C。

表6.1.1 重点桥梁技术状况评价指标

一级指标	二级指标
重点桥梁技术状况评价(BT)	技术状况评定结果评价(BES)
	结构主要病害养护维修效果评价(SME)
	重点专项工作评价(BKW)
	运营期重大风险事件防控评价(BOC)

6.1.2 重点桥梁技术状况评价指标(BT)应按式(6.1.2)计算。

$$BT = \omega_1 BES + \omega_2 SME + \omega_3 BKW + \omega_4 BOC \quad (6.1.2)$$

式中:ω_1——BES在BT中的权重,取值为0.27;

ω_2——SME在BT中的权重,取值为0.28;

ω_3——BKW在BT中的权重,取值为0.22;

ω_4——BOC在BT中的权重,取值为0.23。

6.2 重点隧道技术状况评价

6.2.1 重点隧道技术状况评价(TT)应按表6.2.1建立评价指标体系,评价方法与标准见本规程附录J。

表6.2.1 重点隧道技术状况评价指标

一级指标	二级指标
重点隧道技术状况评价(TT)	土建结构技术状况评定结果评价(CE)
	机电设施技术状况评定结果评价(EF)
	其他工程设施技术状况评定结果评价(OES)
	养护维修效果评价(MEE)
	运营期风险防控评价(OCE)

6.2.2 重点隧道技术状况评价指标(TT)应按式(6.2.2)计算。

$$TT = \omega_5 CE + \omega_6 EF + \omega_7 OES + \omega_8 MEE + \omega_9 OCE \tag{6.2.2}$$

式中:ω_5——CE 在 TT 中的权重,取值为 0.30;

ω_6——EF 在 TT 中的权重,取值为 0.30;

ω_7——OES 在 TT 中的权重,取值为 0.05;

ω_8——MEE 在 TT 中的权重,取值为 0.20;

ω_9——OCE 在 TT 中的权重,取值为 0.15。

6.3 重点桥梁/隧道养护管理状况评价

6.3.1 评价指标体系:

1 重点桥梁养护管理状况评价分为省级桥梁养护管理状况评价(BP)和桥梁养护管理单位养护管理状况评价(CB),应按表 6.3.1-1 建立评价指标体系。

表 6.3.1-1 重点桥梁养护管理状况评价指标

序号	二级指标	三级指标	一级指标	
			省级(BP)	养护管理单位(CB)
1	能力指标(CI)	责任划分制度(DRS)	√	√
2		资金保障制度(CGS)	√	√
3		养护工程师制度(MES)	√	√
4		监测制度(MS)	√	
5	执行力指标(Ⅱ)	信息公开制度(IPS)	√	√
6		例行检查制度(RIS)	√	√
7		分类处置制度(CDS)	√	√
8		技术档案管理制度(AMS)	√	√
9		定期培训制度(RTS)	√	√
10		年度报告制度(ARS)	√	
11	成效指标(PI)	挂牌督办制度(LSS)	√	
12		超限超载车辆治理(OVG)	√	
13		桥梁保护区管理(BPM)	√	√
14		通行安全管理(PSM)	√	√
15		四新技术应用(FNT)	√	
16		危桥改造及其他(BDR)	√	√

2 重点隧道养护管理状况评价分为省级隧道养护管理状况评价(TP)和隧道养护管理单位养护管理状况评价(TB),应按表 6.3.1-2 建立评价指标体系。

3 省级桥梁/隧道养护管理状况评价指标(BP/TP),应由普通干线公路桥梁/隧道养护管理状况(HBP/HTP)和高速公路桥梁/隧道养护管理状况(EBP/ETP)组成,指标体系见表6.3.1-3。

表6.3.1-2　重点隧道养护管理状况评价指标

序号	二级指标	三级指标	一级指标	
			省级(TP)	养护管理单位(TB)
1	能力指标(CI)	制度建设与落实(SCI)	√	√
2		资金保障(CGS)	√	√
3		养护工程师制度/专业化管理(MES/PM)	√	√
4		监测制度(MS)	√	
5	执行力指标(II)	信息公开制度(IPS)	√	√
6		检查与评定(EE)		√
7		功能维持或加固(FMR)		√
8		技术档案管理(AMS)	√	√
9		定期培训制度(RTS)	√	√
10		年度报告制度(ARS)	√	
11	成效指标(PI)	挂牌督办制度(LSS)	√	
12		超限超载车辆治理(OVG)	√	
13		附属设施管理(AFM)		√
14		通行安全管理(PSM)		√
15		基础管理与养护技术创新(MTI)	√	√
16		隧道专项处治及其他(TSP)	√	√

表6.3.1-3　省级桥梁/隧道养护管理状况评价指标

一级指标	二级指标
省级桥梁/隧道养护管理状况评价(BP/TP)	普通干线公路桥梁/隧道养护管理状况评价(HBP/HTP)
	高速公路桥梁/隧道养护管理状况评价(EBP/ETP)

6.3.2　评价指标权重:

1　重点桥梁/隧道养护管理状况评价按式(6.3.2-1)~式(6.3.2-4)计算:

$$BP = \omega_{10}CI + \omega_{11}II + \omega_{12}PI \tag{6.3.2-1}$$

$$CB = \omega_{10}CI + \omega_{11}II + \omega_{12}PI \tag{6.3.2-2}$$

$$TP = \omega_{10}CI + \omega_{11}II + \omega_{12}PI \tag{6.3.2-3}$$

$$TB = \omega_{10}CI + \omega_{11}II + \omega_{12}PI \tag{6.3.2-4}$$

式中:ω_{10}——CI在BP、TP、CB、TB中的权重,取值为0.27;

ω_{11}——II在BP、TP、CB、TB中的权重,取值为0.38;

ω_{12}——PI在BP、TP、CB、TB中的权重,取值为0.35。

2　能力指标CI按式(6.3.2-5)和式(6.3.2-6)计算:

$$CI_{桥梁} = \omega_{13}DRS + \omega_{14}CGS + \omega_{15}MES + \omega_{16}MS \tag{6.3.2-5}$$

$$CI_{隧道} = \omega_{13}SCI + \omega_{14}CGS + \omega_{15}MES + \omega_{16}MS \tag{6.3.2-6}$$

式中：ω_{13}——DRS、SCI 在 CI 中的权重，取值为 0.15；

ω_{14}——CGS 在 CI 中的权重，取值为 0.40；

ω_{15}——MES 在 CI 中的权重，取值为 0.30；

ω_{16}——MS 在 CI 中的权重，取值为 0.15。

3 执行力指标 II 按式(6.3.2-7)和式(6.3.2-8)计算：

$$II_{桥梁} = \omega_{17}IPS + \omega_{18}RIS + \omega_{19}CDS + \omega_{20}AMS + \omega_{21}RTS + \omega_{22}ARS \tag{6.3.2-7}$$

$$II_{隧道} = \omega_{17}IPS + \omega_{18}EE + \omega_{19}FMR + \omega_{20}AMS + \omega_{21}RTS + \omega_{22}ARS \tag{6.3.2-8}$$

式中：ω_{17}——IPS 在 II 中的权重，取值为 0.10；

ω_{18}——RIS、EE 在 II 中的权重，取值为 0.25；

ω_{19}——CDS、FMR 在 II 中的权重，取值为 0.20；

ω_{20}——AMS 在 II 中的权重，取值为 0.20；

ω_{21}——RTS 在 II 中的权重，取值为 0.15；

ω_{22}——ARS 在 II 中的权重，取值为 0.10。

4 成效指标按式(6.3.2-9)和式(6.3.2-10)计算：

$$PI_{桥梁} = \omega_{23}LSS + \omega_{24}OVG + \omega_{25}BPM + \omega_{26}PSM + \omega_{27}FNT + \omega_{28}BDR \tag{6.3.2-9}$$

$$PI_{隧道} = \omega_{23}LSS + \omega_{24}OVG + \omega_{25}AFM + \omega_{26}PSM + \omega_{27}MTI + \omega_{28}TSP \tag{6.3.2-10}$$

式中：ω_{23}——LSS 在 PI 中的权重，取值为 0.10；

ω_{24}——OVG 在 PI 中的权重，取值为 0.20；

ω_{25}——BPM、AFM 在 PI 中的权重，取值为 0.20；

ω_{26}——PSM 在 PI 中的权重，取值为 0.20；

ω_{27}——FNT、MTI 在 PI 中的权重，取值为 0.10；

ω_{28}——BDR、TSP 在 PI 中的权重，取值为 0.20。

5 当各评价指标权重之和不足 1.0 时，各指标权重应进行等比例折算。

6 省级桥梁/隧道养护管理状况评价指标(BP/TP)应按式(6.3.2-11)、式(6.3.2-12)计算。省级高速公路和普通干线公路统一由一个省级公路管理部门监管的可统一评分。

$$BP = \omega_{29}EBP + \omega_{30}HBP \tag{6.3.2-11}$$

$$TP = \omega_{29}ETP + \omega_{30}HTP \tag{6.3.2-12}$$

式中：ω_{29}——EBP、ETP 在 BP、TP 中的权重，取值为 0.5；

ω_{30}——HBP、HTP 在 BP、TP 中的权重，取值为 0.5。

6.4 重点桥梁/隧道监督检查评价

6.4.1 监督检查评价应按表 6.4.1 建立指标体系。

表 6.4.1 重点桥梁/隧道监督检查评价指标

一级指标	二级指标
重点桥梁/隧道监督检查评价(BM/TM)	监测桥梁/隧道技术状况评价(BT/TT)
	监测桥梁/隧道养护管理状况评价(CB/TB)

6.4.2 重点桥梁/隧道监督检查评价(BM/TM)应由监测桥梁/隧道技术状况评价(BT/TT)和监测桥梁/隧道养护管理状况评价(CB/TB)评分组成,结果按式(6.4.2-1)、式(6.4.2-2)计算。

$$BM = \omega_{31} BT + \omega_{32} CB \tag{6.4.2-1}$$

$$TM = \omega_{31} TT + \omega_{32} TB \tag{6.4.2-2}$$

式中:ω_{31}——BT、TT 在 BM、TM 中的权重,取值为 0.6;

ω_{32}——CB、TB 在 BM、TM 中的权重,取值为 0.4。

7 数据管理

7.1 一般规定

7.1.1 重点桥梁/隧道数据应包括基础数据、监测数据和上报数据。

7.1.2 基础数据应来源于当年度《公路养护统计年报》,监测组应对基础数据进行复核。

7.1.3 监测数据应为监测组在监测年度对重点监测桥梁/隧道采集、形成的数据。

7.1.4 上报数据应为省级交通运输主管部门、重点桥梁/隧道养护管理单位在“国家公路网综合养护管理系统”中填报的重点监测桥梁/隧道各类检查评定数据、养护管理信息、整改方案及摘牌报备资料。

7.2 重点桥梁/隧道监测数据管理

7.2.1 监测数据应分为下列四类:

1 技术状况抽检与复核的数据;

2 养护管理状况监督检查的数据;

3 监测组开展专项调研的数据;

4 监测组编制的各项监测成果。

7.2.2 重点监测桥梁/隧道技术状况抽检与复核的数据应包括下列内容:

1 每座桥梁的现场监测方案、关键部位和易损构件的现场检查数据及结论、桥梁主要病害记录、反馈意见等纸质和电子版资料。

2 每座隧道的现场监测方案、隧道土建和机电设施的现场检查数据及结论、隧道主要病害记录、反馈意见等纸质和电子版资料。

7.2.3 重点监测桥梁/隧道养护管理状况监督检查的数据资料应包括下列内容:

1 按本规程附录 F 和附录 G 的内容和要求收集、整理的相应数据,包括受检省份提供的支撑材料等纸质和电子版资料。

2 按本规程附录F和附录H的内容和要求收集、整理的相应数据,包括受检省份提供的支撑材料等纸质和电子版资料。

7.2.4 监测组开展专项调研的数据应包括:受检省份或重点桥梁/隧道养护管理单位提供的养护技术及管理创新资料、桥隧养护管理和安全运行情况年度报告等纸质和电子版资料。

7.2.5 监测组编制的各项监测成果应包括:每座桥梁/隧道的监测报告、监测总报告(详本和简本)、工作报告等纸质和电子版资料。

7.2.6 监测组应在最终验收时提交所有监测数据。

7.3 重点桥梁/隧道上报数据管理

7.3.1 桥梁/隧道养护管理单位应按时上报桥梁/隧道的养护管理信息,包括养护管理现状、桥梁定期检查和特殊检查的评定数据、隧道定期检查和专项检查评定数据。

1 重点监测桥梁/隧道的养护现状数据报表形式分别见本规程表K-1、表K-2和表L-1、表L-2。

2 桥梁的定期检查和特殊检查评定数据报表形式见本规程表K-5。

3 隧道的定期检查和专项检查评定数据报表形式见本规程表L-3。

条文说明

1 桥梁/隧道养护现状数据报表的填报包含:完成桥梁/隧道养护管理的主要数据、交通量及其组成、主要维修加固、桥梁/隧道工程师及主要技术人员变化,经常检查的主要结论、突发事件(自然灾害、超限超载车辆、安全事故)、桥梁/隧道健康监测分析主要数据与结论等信息填报。

7.3.2 省级交通运输主管部门应按期上报年度报告。年度报告应以正式文件将全省公路桥梁/隧道的养护管理和安全运行情况上报,同时提交电子文档。

条文说明

《交通运输部关于进一步加强公路桥梁养护管理的若干意见》(交公路发〔2013〕321号)规定,省级交通运输主管部门制定年度报告制度,要求各级桥梁养护管理单位对所辖桥梁技术状况、桥梁检查和桥梁养护管理工作开展等情况进行分析和逐级上报。各省级交通运输主管部门应于每年3月1日前,按照《省(自治区、直辖市)国道桥梁养护管理和安全运行情况年度报告主要内容要求》向交通运输部(公路局)报送上年度本辖区国道(含国家高速公路)桥梁养护管理和安全运行情况年度报告。

7.3.3 督办桥梁/隧道摘牌应符合下列规定：

1 省级挂牌督办桥梁/隧道的摘牌核销报备表见本规程表 M-1。

2 部级挂牌督办桥梁/隧道提交资料清单及核销申请表见本规程表 M-2 和表 M-3。

7.3.4 省级交通运输主管部门和桥梁/隧道养护管理单位应按规定时间完成上一年度相关数据填报和审核。

条文说明

《国家干线公路网技术状况监测项目信息报送制度》（交路网〔2017〕31 号）规定：每年 2 月 1 日前，桥梁/隧道养护管理单位完成上一年度相关数据填报；每年 3 月 1 日前，省级交通运输主管部门完成数据审核提交。

8 作业安全防护

8.1 一般规定

8.1.1 监测组应设置安全督导组和安全员,负责实施过程中的安全管理工作。

8.1.2 安全督导组应由总负责人、技术负责人、专家组成,负责现场应急处置方案的制定及检测现场安全督导。

8.1.3 实施作业前,应进行安全教育和交底,并对检查采用的设备及设施进行安全核查。

8.1.4 作业现场应最少设置专职安全员1名,负责作业期间安全检查。

8.1.5 检测用专用设备、车辆的操作人员应具备相应的从业资格。

8.2 作业装备及设备操作安全

8.2.1 现场检测人员作业装备应符合下列基本要求:

1 进入监测现场的人员应戴安全帽、穿反光背心、硬底鞋。

2 高处作业的人员应配安全带或安全绳。

3 临水作业的人员应穿着救生衣,乘坐船只时应配备救生圈。

4 电气检测的人员应配电绝缘手套,穿绝缘鞋。

5 隧道衬砌结构地质雷达检测人员应配护目镜、防尘口罩。

6 安全员应配口哨、对讲机、强光手电筒、指挥旗、荧光指挥棒等通信、警示设备。

8.2.2 桥梁检测车的操作应符合车辆操作维护手册的规定,并符合下列基本要求:

1 桥梁检测车操作前,驾驶员和操作员应对桥梁检测车各个系统进行认真检查。

2 应配安全员指挥工作平台展开,并在桥面负责往来车辆的安全指挥工作。

3 每次移动平台前,平台上的作业人员应处在安全位置,平台移动时,应注意保持与线缆、建筑物、树木等障碍物的安全距离。

4 作业过程中,若发现车辆出现任何异常问题,应首先停止工作并撤离异常车辆。

8.2.3 隧道用高空作业车的操作应符合车辆操作维护手册的规定，并符合下列基本要求：

1 现场检测工作开始前，应检查高空作业车的制动系统及工作台防护栏的稳定性。

2 隧道衬砌结构地质雷达检查时应配安全员。

3 高空作业车驾驶员应随时按安全员的示警进行安全驾驶操作。

4 衬砌结构地质雷达检查时，高空作业车作业平台上应配两名人员，一人负责天线作业，另一人负责安全观察及协助。

条文说明

1 进行隧道衬砌结构地质雷达检查和悬挂机电设备检查的高空作业车需要在作业臂升起状态下低速（约5km/h）行驶，长时间低速行驶有可能影响高空作业车制动性能，因此应提前检查高空作业车的制动系统，确认制动片磨损状况及制动器使用状况。

2 安全员步行跟随高空作业车行进，通过口哨、对讲机等为高空作业车架驶员、检测人员提供安全示警。

3 安全驾驶操作主要指在通过拱顶隧道风机、交通信息设备等有突出设施设备段时，放慢行车速度，或降低工作台，以确保安全通过。

4 负责安全观察的人员通过对讲机，将异常状况及时通知驾驶员，同时提醒天线作业人员采取必要的避让措施。

8.2.4 机电设施设备的检测应符合下列基本要求：

1 机电设施设备检测时的启停、通断电、机箱开启等操作，必须由养管单位专业人员按照相关安全操作规程进行。

2 操作人员应按相关设备安全操作规程穿戴必要的防护用品、携带必要工具。

条文说明

1 监测人员及其他人员存在不了解设备操作规程要求及异常问题的情况，本条主要防止出现意外事故及责任纠纷。

2 防护用品包括电绝缘手套、绝缘鞋等，必要工具包括试电笔、万用表等。

8.2.5 火灾自动报警系统有效性测试时，应符合下列规定：

1 模拟火灾测试的隧道在测试时应关闭交通。

2 模拟火灾用燃油的运输与存储应采用专用油桶密封灌装，避免暴晒、接触高温或明火。

3 工作车辆和非操作人员距火盆位置不小于20m。

4 应备好不少于2具干粉灭火器，指定应急灭火人员并做好应急灭火准备。

5 试验燃油应缓慢注入火盆，严禁飞溅。

6 严禁用打火机直接点燃火盆。

7 火盆燃油火焰完全熄灭后应打开风机,顺风排烟,浓烟散尽、人员车辆全部撤离前,隧道不得开放交通。

8.3 高处作业安全

8.3.1 现场检测人员进行高空检测作业的安全要求应符合现行《高处作业分级》(GB/T 3608)、《建筑施工高处作业安全技术规范》(JGJ 80)等标准的规定。

8.3.2 进行高空作业的人员应防止高空落物,对作业平台上的仪器、物品加强管理和存放,做好物件防坠措施。

条文说明

典型物件防坠措施包括:佩戴工具袋、大件工具上缠绑的保险绳、传递物件用绳,传递小规模工件、工具的工具袋等。

8.3.3 高处作业时应与输电线路保持安全距离,遇六级以上大风和恶劣天气应停止作业。

条文说明

与输电线路保持安全距离详见《电力安全工作规程　发电厂和变电站电气部分》(GB 26860—2011)。

8.4 水上作业安全

8.4.1 当利用桥检车进行桥梁外观检查,且桥梁下方跨越河流、水域时,检测平台上的人员必须穿戴救生衣。

8.4.2 乘船进行检测时,应严格按照人员乘载限制,不得超载。

8.4.3 在船上对结构进行检查时,应确保船已停稳;检测人员身体不得伸出甲板护栏。

8.4.4 遇有六级以上强风、洪水、浓雾等恶劣气候,不得进行水上作业。

8.5 现场交通组织

8.5.1 监测期间的现场交通组织应符合现行《公路养护安全作业规程》(JTG H30)的规定。

8.5.2 现场检测工作应选择对社会交通影响小的时段进行。

8.5.3 桥梁现场检测时，如无特殊需要，宜封闭桥面最外侧车道供检测人员开展工作。

8.5.4 隧道进行现场检测期间，车辆的组织管理应符合下列基本要求：

1 现场作业车辆必须打开车灯并低速行驶。

2 临时停车时应打开双闪警示灯，且停靠在隧道边侧。

条文说明

隧道现场检测作业时，同时有多个工作组在并行作业，隧道内行走人员较多，多种检测设备也会在隧道路面进行检测作业，因此需要规范现场作业车辆的驾驶行为，确保作业人员、设备安全。

8.5.5 隧道现场检测工作开展前，应确认工作区内已没有社会车辆。检测工作完成后，应确认工作区内所有参检人员、车辆、设备等已撤离并无遗留物后，方可进行安全防护设备撤离和交通恢复工作。

附录A　重点桥梁/隧道监测报告标准撰写大纲 (资料性附录)

监测组可依据此撰写大纲编写每座重点监测桥梁/隧道的报告,包括但不限于下列内容:

1　概况

1.1　桥梁/隧道总体概况
1.2　主要部件概况
1.3　养护管理组织架构

2　桥梁/隧道监测组织实施

2.1　主要检查设备和监测组成员
2.2　监测工作开展情况

3　省级交通运输主管部门养护管理状况

3.1　责任划分制度
3.2　资金保障制度
3.3　养护工程师制度
3.4　信息公开制度
3.5　例行检查制度
3.6　分类处置制度
3.7　技术档案管理制度
3.8　定期培训制度
3.9　年度报告制度
3.10　挂牌督办制度
3.11　超限超载车辆治理
3.12　安全保护区管理

3.13 通行安全管理
3.14 养护管理亮点及四新技术
3.15 危桥改造项目及其他

4 桥梁/隧道技术状况抽检与复核

4.1 桥梁/隧道构件的编号原则
4.2 检查内容和方法
4.3 外业检查结果
4.4 专项检测结果
4.5 典型病害成因分析
4.6 桥梁/隧道技术状况等级复核
4.7 桥梁/隧道运营期重大风险事件防控

5 桥梁/隧道养护管理单位养护管理状况

5.1 责任划分制度
5.2 资金保障制度
5.3 养护工程师制度
5.4 信息公开制度
5.5 例行检查制度
5.6 分类处置制度
5.7 技术档案管理制度
5.8 定期培训制度
5.9 超限超载车辆治理
5.10 桥梁保护区管理
5.11 通行安全管理

6 桥梁/隧道监督检查评价

6.1 桥梁/隧道技术状况评价
6.2 桥梁/隧道养护管理状况评价
6.3 综合评价

7 结论与建议

附录

附录 B　重点桥梁/隧道总报告标准撰写大纲（资料性附录）

监测组可依据此撰写大纲编写年度重点监测桥梁/隧道总报告。总报告包括详本与简本,编写内容包括但不限于下列内容:

详 本 大 纲

1　监测实施概况

1.1　桥梁/隧道分布及概况
1.2　主要内容与要求
1.3　组织实施情况

2　省级交通运输主管部门养护管理状况

2.1　责任划分制度
2.2　资金保障制度
2.3　养护工程师制度
2.4　例行检查制度
2.5　桥梁分类处置制度
2.6　技术档案管理制度
2.7　年度报告制度
2.8　定期培训制度
2.9　挂牌督办制度
2.10　桥梁养护管理创新及四新技术应用
2.11　总结

3　监测桥梁/隧道技术状况抽检与复核

3.1　桥梁/隧道技术状况复核结果
3.2　桥梁/隧道重点专项工作评价

3.3　桥梁/隧道主要病害养护维修效果
3.4　桥梁/隧道风险防控情况评价
3.5　典型病害成因分析
3.6　总结

4　监测桥梁/隧道养护管理状况

4.1　责任划分制度
4.2　资金保障制度
4.3　养护工程师制度
4.4　信息公开制度
4.5　例行检查制度
4.6　分类处置制度
4.7　桥梁/隧道技术档案管理
4.8　定期培训制度
4.9　桥梁/隧道安全保护区管理
4.10　桥梁/隧道通行安全管理
4.11　养护管理单位管理状况评价
4.12　总结

5　监测桥梁/隧道监督检查评价

6　统计分析

7　结论及建议

附录 A　技术状况抽检与复核汇总表

附录 B　养护管理状况监督检查汇总表

附录 C　一桥一表/一隧一表

简 本 大 纲

1　监测实施概况

1.1　桥梁/隧道分布及概况

1.2　组织实施情况

2　省级交通运输主管部门养护管理状况

2.1　总体情况
2.2　监测结果

3　监测桥梁/隧道技术状况抽检与复核

3.1　总体情况
3.2　监测结果

4　监测桥梁/隧道养护管理状况

4.1　总体情况
4.2　监测结果

5　监测桥梁/隧道监督检查评价

6　统计分析

6.1　省级交通运输主管部门
6.2　桥梁/隧道养护管理单位
6.3　桥梁/隧道技术状况
6.4　桥梁/隧道综合评价
6.5　历年监测桥梁/隧道统计分析

7　结论及建议

附录　一桥一表/一隧一表

附录C 重点桥梁技术状况复核方法与标准(规范性附录)

表C 重点桥梁技术状况复核方法与标准

二级指标	评价项目	评分标准	满分值
技术状况评定结果评价 27	技术状况评定结果可靠性	最近一次定期检查评定结果准确反映结构技术状态,且评定正确、缺损情况描述准确,得60分	60
		最近一次定期检查评定结果准确反映结构技术状态,评定正确、少量缺损描述不一致且其不一致不是由病害发展引起,得55分	
		最近一次定期检查评定结果不能反映结构技术状态: 1.评定不准确,扣15分; 2.大量缺损描述不一致,扣10分; 3.主要部件个别构件存在结构性、功能性病害未发现,或发现后未被准确定性,扣10分	
		最近一次定期检查评定结果不能反映结构技术状态,存在影响结构安全的病害未发现或发现后未准确定性,得0分	
	最近一次定期检查报告评价	定期检查报告深度及内容完全满足要求,记录完整、评定规范准确,建议合理,得40分	40
		定期检查报告深度及内容基本满足要求,记录完整,反映出桥梁实际技术状况,建议合理,评定欠合理(如未分幅评定,主、引桥未分开评定),得30分	
		定期检查报告深度欠缺,内容漏项,记录欠完整、评定评分存在错误,但体现出了主要承重构件的重要病害,并给出了相应的建议,得20分	
		定期检查报告深度不足,内容漏项较多,记录不完整、评定评分存在错误,对主要承重构件的病害描述不完全,得10分	
		定期检查报告深度及内容不满足要求,未体现主要承重构件的重要病害,得0分	

续上表

二级指标	评价项目	评 分 标 准	满分值
结构主要病害养护维修效果评价 28	维修处治的及时性评价	对技术状况达到3类的主要承重构件在1年内进行了维修处治;对技术状况达到4类的主要承重构件,立即采取了临时处治措施,并在1年内进行了加固处治,得30分	30
		技术状况达到3类、4类的主要承重构件,其评定时间距本次监测时间不足1年,已经列入处治计划,并针对4类构件采取了临时处治措施,得30分	
		技术状况达到3类、4类的主要承重构件,1年内未进行处治,但已经列入处治计划,并针对4类构件采取了临时处治措施,得15分	
		定期检查已发现主要承重构件的技术状况达到3类或4类,未采取措施也未列入处治计划,得0分	
	养护维修效果评价	养护维修的实施使得主要病害得到有效处治,处治措施得当,实施效果良好,得70分	70
		养护维修的实施使得主要病害得到有效处治,维修处治措施欠合理,得60分	
		养护维修的实施使得主要病害得到处治,部分病害处治后仍重新出现或继续发展,经过维修的结构及构件技术状况和使用性能基本达到维修处治的目标,得50分	
		养护维修的实施使得主要病害得到处治,部分病害处治后仍重新出现或继续发展,经过维修的部分结构及构件技术状况和使用性能未得到改善或提升,得40分	
		养护维修的实施效果较差,维修处治措施部分失效,部分病害处治后仍重新出现或继续发展,经过维修的部分结构及构件技术状况和使用性能仍然持续降低。视结构或构件重要性和病害处治的程度,得10~40分	
重点专项工作评价 22	永久观测点设置	能按规范要求设置桥梁永久观测点,保持观测点完好,并定期进行控制检测,得20分	20
		设置了永久观测点,但不符合规范要求;永久观测点存在损坏、缺失现象;未定期进行控制检测,得10分	
		未设置永久观测点;未开展控制检测,得0分	
	检查通道设置情况	设置有必需的检查通道,且能够安全有效的使用,得40分	40
		必需的检查通道设置不完善,根据完善程度,得10~30分	
		需设置但未设置检查通道,得0分	
	桥梁安全保护区管理	桥梁安全保护区管理完全符合相关规范、文件及制度要求,得40分	40
		除存在侵占桥梁建筑控制区的情况外,桥梁安全保护区管理基本符合相关规范、文件及制度要求,根据侵占桥梁控制区的程度和对桥梁安全的影响程度,得10~30分	

续上表

<table>
<tr><th>二级指标</th><th>评价项目</th><th>评 分 标 准</th><th>满分值</th></tr>
<tr><td rowspan="14">运营期重大风险事件防控评价
23</td><td rowspan="3">风险管理和隐患排查工作制度</td><td>建立有桥梁安全风险管理和隐患排查工作制度,制度合理、完善,得15分</td><td rowspan="3">15</td></tr>
<tr><td>建立有桥梁安全风险管理和隐患排查工作制度,制度尚需完善,得10分</td></tr>
<tr><td>未建立桥梁安全风险管理和隐患排查工作制度,得0分</td></tr>
<tr><td rowspan="3">风险辨识手册</td><td>编制有桥梁风险辨识手册,内容合理、完善,得15分</td><td rowspan="3">15</td></tr>
<tr><td>编制有桥梁风险辨识手册,内容尚需完善,得10分</td></tr>
<tr><td>未编制桥梁风险辨识手册,得0分</td></tr>
<tr><td rowspan="3">风险动态监控机制</td><td>建立有桥梁风险动态监控机制,并运行有效,得15分</td><td rowspan="3">15</td></tr>
<tr><td>建立有桥梁风险动态监控机制,尚需完善,得10分</td></tr>
<tr><td>未建立桥梁风险动态监控机制,得0分</td></tr>
<tr><td rowspan="3">防控措施</td><td>定期开展隐患排查工作,对发现的隐患及时采取了相应的防控措施,得40分</td><td rowspan="3">40</td></tr>
<tr><td>定期开展隐患排查工作,只对部分隐患采取了防控措施,得20分</td></tr>
<tr><td>未定期开展隐患排查工作,未采取防控措施的,得0分</td></tr>
<tr><td rowspan="2">后评价</td><td>对防控措施有效性进行了后评价,并持续改进,得15分</td><td rowspan="2">15</td></tr>
<tr><td>未评价防控措施有效性,得0分</td></tr>
</table>

附录 D　重点隧道技术状况复核内容（规范性附录）

表 D-1　重点隧道土建结构检测内容

分　类	项目名称	检测内容
常规项目	洞口	山体滑坡、岩石崩塌的征兆及其发展趋势;边坡、碎落台、护坡道的缺口、冲沟、潜流涌水、沉陷、塌落等及其发展趋势
		护坡、挡土墙的裂缝、断缝、倾斜、鼓肚、滑动、下沉的位置、范围及其程度,有无表面风化、泄水孔堵塞、墙后积水、地基错台、空隙等现象及其程度
	洞门	墙身裂缝的位置、宽度、长度、范围或程度
		结构倾斜、沉陷、断裂范围、变位量、发展趋势
		洞门与洞身连接处环向裂缝开展情况、外倾趋势
		混凝土起层、剥落的范围和深度,钢筋有无外露、受到锈蚀
		墙背填料流失范围和程度
	衬砌	衬砌裂缝的位置、宽度、长度、范围或程度,墙身施工缝开裂宽度、错位量
		衬砌表层起层、剥落的范围和深度
		衬砌厚度、衬砌及仰拱后的空洞位置和大小
		衬砌渗漏水的位置、水量、浑浊、冻结状况
	路面	路面上塌(散)落物、油污、滞水、结冰或堆冰等状况;路面拱起、沉陷、错台、开裂、溜滑的范围和程度
	检修道	检修道毁坏、盖板缺损的位置和状况;栏杆变形、锈蚀、缺损等的位置和状况
	排水系统	结构缺损程度,中央窨井盖、边沟盖板等完好程度,沟管开裂漏水状况;排水沟(管)、积水井等淤积堵塞、沉沙、滞水、结冰等状况,排水沟出口通畅情况(不含覆盖型保温出水口)
	吊顶及各种预埋件	吊顶板变形、缺损的位置和程度;吊杆等预埋件是否完好、有无锈蚀、脱落等危及安全的现象及其程度;漏水(挂冰)范围及程度
	内装	表面脏污、缺损的范围和程度;装饰板变形、缺损的范围和程度等
	交通标志、标线轮廓标	外观缺损、表面脏污状况,连接件牢固状况、光度是否满足要求等
专项检查项目	二次衬砌结构厚度及缺陷	每处隧道抽检总长度不小于500延米。每断面设5条测线(拱顶、左右拱腰、左右边墙)、检测二次衬砌结构厚度、配筋及缺陷情况
	隧道主洞内净空尺寸	每处中短隧道抽检不少于5个断面,长隧道、特长隧道不少于10个断面

表 D-2　重点隧道机电设施检测内容

分部设施名称	分项设施名称	主要检查内容
供配电设施	高压设施	外观检查
		△高压设施能否正常供电
		高压断路器柜有无异常现象
		高压互感器与避雷器柜有无异常现象
		高压柜有无异常现象
		高压柜各仪表是否正常显示
		高压隔离开关和负荷开关各元器件是否正常工作
		电力变压器各元器件是否正常工作
		是否有防止小动物进入的措施
	箱式变电站	外观检查
		△箱式变电站能否正常供电
		电缆进出线孔封堵是否密实
		箱体周围接地电阻是否符合要求
		各电器连接是否可靠,有无松动、发热
	电力电容器柜	外观检查
		△在负载感性变化时能正常投入或退出
		有无烧损痕迹
		引线接头有无污染、松动
		仪表能否正常显示
	低压开关柜	外观检查
		△能否正常配电
		有无明显噪声
		绝缘是否良好
		引线接头有无污染、松动
		仪表能否正常显示
		输出电压是否正常
		照明供电回路三相电流不平衡检测
		监控供电回路三相电流不平衡检测
	配电箱、插座箱、控制箱	外观检查
		△有无异常现象
		绝缘是否良好
		接线是否松动

续上表

分部设施名称	分项设施名称	主要检查内容
供配电设施	电力线缆及支撑件	外观检查
		相间和对地绝缘是否正常
		接头处是否正常,有无烧焦痕迹
		支架与桥架安装是否稳固
	综合微机保护装置	外观检查
		△系统监测与报警功能检查
		主站硬件设备运行状况是否正常
		子站硬件设备运行状况是否正常
		监测数据准确性、完整性检查
		数据备份与查阅功能是否正常
	UPS电源、EPS电源	外观检查
		测量显示输入输出电压、电流功能是否正常
		接地是否良好
		△进行市电停电试验,能否正常供电且输出电压符合要求
		进行市电停电试验,供电维持时间是否符合要求
	自备发电设备	外观检查
		△启动、停止功能及输出电压是否正常
		连接是否可靠
		启动时间是否满足设计要求
		有无异响
	变配电室	高低压室功能是否独立
		高低压室地面是否铺静电地板或绝缘胶垫
		基础槽钢是否稳固、锈蚀
		通风散热是否良好
		通风散热口是否有防小动物进入措施
		电缆进出线孔封堵是否密实
		整体布局是否合理
	防雷接地设施	电源和信号输入端的浪涌保护器是否完好
		外部防雷装置安装是否牢固,连接导线绝缘是否良好
		有无腐蚀
		△接地电阻是否正常

续上表

分部设施名称	分项设施名称	主要检查内容
供配电设施	防雷接地设施	接地连接是否紧固
照明设施	隧道灯具	外观检查
		损坏灯具占灯具总数的比例
		灯具能否正常开关
		△各照明段亮度
		各回路控制的准确性检查
		照明控制方案与现场实际情况的适应性检查
	洞外路灯	外观检查
		基础设置状况是否稳定;基础有无开裂、损伤;基础锚具、螺栓有无生锈、松动
		△灯具能否正常开关
		灯具有无损坏,目测亮度是否正常
通风设施	射流风机	外观检查
		净高是否满足要求
		△风机能否正常开启和关闭
		控制位置、方向的准确性检查
		风机运转过程中有无异响
		风机运转时电流值是否在额定值内
		悬挂风机基础稳定性诊断或检查
	轴流风机	外观检查
		△风机能否正常开启和关闭
		运转状态有无异响和异常振动
		各计量仪器、仪表度数是否正常
消防设施	点型感烟、感温探测器	外观检查
		△各回路的报警随机抽检试验
	火灾自动探测报警系统	外观检查
		△各回路的报警随机抽检试验
		是否具有故障报警功能
	手动报警系统	外观检查及手动报警按钮位置检查
		△各回路的报警随机抽检试验
	消火栓及灭火器	外观检查

续上表

分部设施名称	分项设施名称	主要检查内容
消防设施	消火栓及灭火器	△消火栓的水压测试及水柱试验
		泡沫消火栓的喷射试验
		寒冷地区消防管道的防冻措施检查
		灭火器的数量及其有效期
		设备箱体及标识检查
	水泵	外观检查
		△水泵功能检查
		泵体各部位连接螺栓紧固性检查
		运转时有无异响、异常振动、过热
	给水管与阀门	有无漏水,闸阀操作是否灵活
		管支架是否腐蚀、松动
		洞外及隧道内水管的防冻、防腐蚀措施是否失效
	消防水池	外观检查
		水池的清洁检查
		寒冷地区保温防冻检查
		液位计数据准确性与传输功能检查
	电光标志	外观检查
		△检查显示功能是否正常
		电光标志亮度检查
	横通道	外观检查
		△门开关功能与规范的符合性
		门远程及本地手动操作功能是否正常
		横通道内照明功能
		门密封性检查
		标识位置、外形、亮度检查
监控与通信设施	亮度检测器	外观检查
		△设备功能是否正常
		对比测试指示值是否正确
	能见度检测器	外观检查
		△设备功能是否正常
		对比测试指示值是否正确

续上表

分部设施名称	分项设施名称	主要检查内容
监控与通信设施	CO 检测器	外观检查
		△设备功能是否正常
		对比测试 CO 浓度指示值是否正确
	风速风向检测器	外观检查
		△设备功能是否正常
		对比测试指示值是否正确
	车辆检测器	△设备功能是否正常
		测试数据准确性检查
	闭路电视监控系统	外观检查
		△摄像机基本功能检查
		摄像机动作功能检查
		视频切换、控制是否正常
		与紧急电话等的联动试验
		与防灾控制的联动试验
		进行图像质量评价
		硬盘录像机录像功能检查
	视频事件检测器	△功能检查
	大屏幕系统	外观检查
		△大屏图像显示功能检查
		对视频信号的调用、切换功能检查
		窗口缩放、移动、多视窗显示等功能检查
	地图板	外观检查
		显示各类环境监测仪器数据功能是否正常
		显示各类交通控制设施状态信息是否正常
		紧急电话摘、挂机信息显示是否正常
	紧急电话	外观检查
		△分机能否一键呼叫主机
		分机处话音是否清晰、音量适中、无噪声、无断字等缺陷
		控制台有无自动录音功能
		中心是否可立即自动显示故障信息
		控制台是否可取消呼叫

续上表

分部设施名称	分项设施名称	主要检查内容
监控与通信设施	紧急电话	主机是否能检测到线路连接、电池、传输故障等情况
	广播	行车接听试验(无线广播)
		△能否向隧道广播话音
		环境噪声≤90dB时,话音是否清晰,隧道中能否听清广播内容
		有无音区多路切换选择广播功能,是否可进行单、多音区广播
		是否可播放已事先录好的节目,是否也可由监控员实时广播
		是否可对广播喇叭音量的大小进行调节
		是否可对指定的节目源循环广播
		是否可对广播内容进行实时录音
	本地控制器	外观检查
		△按照指令控制相应设施功能是否正常
		独立运行功能测试
		断电恢复功能检查
	交通控制和诱导设施(可变标志、车道指示器、交通信号灯)	外观检查
		查找不良像素管
		△按照指令显示功能是否正常
		按照指令显示的及时性检查
		亮度检查
		净高检查
		悬挂设施基础稳定性检查
	光、电缆	光缆、电缆线路巡视检查
		尾纤(缆)、终端盒、配线架外观检查
	监控室设备及系统	外观检查
		设备功能与工作状态检查
		数据保存、备份设备检查
		监控室温、湿度检查
	软件应急方案	火灾、危化品车事故控制预案软件是否符合设计或养护管理单位备案的应急方案
		突发交通事故控制预案软件是否符合设计或养护管理单位备案的应急方案

注:带"△"号的检查内容为关键内容。

表 D-3　重点隧道其他工程设施检测内容

项 目 名 称	检 测 内 容
电缆沟	是否完好，有无杂物、积尘积水
设备洞室	是否完好，有无渗漏水、杂物积尘，标志是否齐全、清晰
洞口联络通道	隔离设施是否完好，标志是否齐全、清晰，路面是否清洁、有无隆起积水
洞口限高门架	结构是否完好，标志是否齐全、清晰，门架有无变形，净空误差能否满足限高要求
洞口绿化	有无树木妨碍行车，有无树木枯死、草皮失养，整体绿化效果是否美观
消音设施	是否完好，是否具备消音功能
减光设施	结构是否完好，标志是否齐全、清晰，减光效果是否正常
污水处理设施	是否渗漏，有无杂物、泥沙沉积
洞口雕塑、隧道铭牌	表面是否脏污，是否存在毁损
附属房屋	承重构件有无变形、裂缝、松动；非承重墙体有无渗漏、破损；屋面排水是否通畅、有无渗漏；楼地面、门窗是否完好；顶棚有无变形；水卫、电照、暖气等设备是否完好、能否正常使用

附录 E　隧道机电设施抽样评价方法(规范性附录)

E.0.1　参与技术状况抽样评价的隧道机电设施应包括供配电设施、通风设施、照明设施、火灾探测与报警设施、消防设施与通道、交通监控设施、紧急呼叫设施、中央控制管理设施、接地与防雷设施、线缆及相关设施。

E.0.2　隧道机电设施各分项技术状况抽样评价,采用各分项设施检测指标权重进行考核,分项设施检测项目得分按式(E.0.2)计算。各分项设施检测指标权重按对运营安全和维护运营的功能重要度建立,分项设施各检测指标根据符合程度取 0 ~ 1 分,完全符合按 1 分取值,见表 E.0.2。若分项设施检测抽样数量大于 1,检测得分为该分项设施检测项目平均分。

$$\text{分项设施检测项目得分} = \frac{\sum \text{分项设施检测指标得分} \times \text{该指标的权重}}{\sum \text{各指标的权重}} \times 100 \quad (\text{E.0.2})$$

表 E.0.2　机电设施检测指标评分权重表

分部设施名称	分项设施名称	主要检查内容	权　重
供配电设施	高压设施	外观检查	0.2
		△高压设施能否正常供电	2
		高压断路器柜有无异常现象	1
		高压互感器与避雷器柜有无异常现象	1
		高压柜有无异常现象	1
		高压柜各仪表是否正常显示	1
		高压隔离开关和负荷开关各元器件是否正常工作	1
		电力变压器各元器件是否正常工作	1
		是否有防止小动物进入的措施	1
	箱式变电站	外观检查	0.2
		△箱式变电站能否正常供电	2
		电缆进出线孔封堵是否密实	1
		箱体周围接地电阻是否符合要求	2
		各电器连接是否可靠,有无松动、发热	1

续上表

分部设施名称	分项设施名称	主要检查内容	权　重
供配电设施	电力电容器柜	外观检查	0.2
		△在负载感性变化时能否正常投入或退出	2
		有无烧损痕迹	1
		引线接头有无污染、松动	1
		仪表能否正常显示	1
	低压开关柜	外观检查	0.2
		△能否正常配电	2
		有无明显噪声	1
		绝缘是否良好	1
		引线接头有无污染、松动	1
		仪表能否正常显示	1
		输出电压是否正常	1
		照明供电回路三相电流不平衡检测	1
		监控供电回路三相电流不平衡检测	1
	配电箱、插座箱、控制箱	外观检查	0.2
		△有无异常现象	2
		绝缘是否良好	1
		接线是否松动	1
	电力线缆及支撑件	外观检查	0.5
		相间和对地绝缘是否正常	2
		接头处是否正常,有无烧焦痕迹	1
		支架与桥架安装是否稳固	1
	综合微机保护装置	外观检查	0.2
		△系统监测与报警功能检查	2
		主站硬件设备运行状况是否正常	1
		子站硬件设备运行状况是否正常	1
		监测数据准确性、完整性检查	1
		数据备份与查阅功能是否正常	1
	UPS 电源、EPS 电源	外观检查	0.2
		测量显示输入输出电压、电流功能是否正常	1
		接地是否良好	1
		△进行市电停电试验,能否正常供电且输出电压符合要求	2
		进行市电停电试验,供电维持时间是否符合要求	2
	自备发电设备	外观检查	0.2
		△启动、停止功能及输出电压是否正常	2

续上表

分部设施名称	分项设施名称	主要检查内容	权　重
供配电设施	自备发电设备	连接是否可靠	1
		启动时间是否满足设计要求	1
		有无异响	1
	变配电室	高低压室功能是否独立	1
		高低压室地面是否铺静电地板或绝缘胶垫	1
		基础槽钢是否稳固、锈蚀	1
		通风散热是否良好	1
		通风散热口是否有防小动物进入措施	1
		电缆进出线孔封堵是否密实	1
		整体布局是否合理	1
	防雷接地设施	电源和信号输入端的浪涌保护器是否完好	1
		外部防雷装置安装是否牢固,连接导线绝缘良好	1
		有无腐蚀	1
		△接地电阻是否正常	2
		接地连接是否紧固	1
照明设施	隧道灯具	外观检查	1
		损坏灯具占灯具总数的比例	2
		灯具能否正常开关	2
		△各照明段亮度	2
		各回路控制的准确性检查	2
		照明控制方案与现场实际情况的适应性检查	1
	洞外路灯	外观检查	1
		基础设置状况是否稳定;基础有无开裂、损伤;基础锚具、螺栓有无生锈、松动	1
		△灯具能否正常开关	2
		灯具有无损坏,亮度目测是否正常	1
通风设施	射流风机	外观检查	0.5
		净高是否满足要求	1
		△风机能否正常开启和关闭	2
		控制位置、方向的准确性检查	2
		风机运转过程中有无异响	1

续上表

分部设施名称	分项设施名称	主要检查内容	权　重
通风设施	射流风机	风机运转时电流值是否在额定值内	1
		悬挂风机基础稳定性诊断或检查	2
	轴流风机	外观检查	1
		△风机能否正常开启和关闭	2
		运转状态有无异响和异常振动	1
		各计量仪器、仪表度数是否正常	1
消防设施	点型感烟、感温探测器	外观检查	0.2
		△各回路的报警随机抽检试验	2
	火灾自动探测报警系统	外观检查	0.2
		△各回路的报警随机抽检试验	2
		是否具有故障报警功能	1
	手动报警系统	外观检查及手动报警按钮位置检查	0.2
		△各回路的报警随机抽检试验	1
	消火栓及灭火器	外观检查	1
		△消火栓的水压测试及水柱试验	2
		泡沫消火栓的喷射试验	1
		寒冷地区消防管道的防冻措施检查	1
		灭火器的数量及其有效期	1
		设备箱体及标识检查	0.5
	水泵	外观检查	0.2
		△水泵功能检查	2
		泵体各部位连接螺栓紧固性检查	1
		运转时有无异响、异常振动、过热	1
	给水管与阀门	有无漏水,闸阀操作是否灵活	1
		管支架是否腐蚀、松动	1
		洞外及隧道内水管的防冻、防腐蚀措施是否失效	1
	消防水池	外观检查	2
		水池的清洁检查	1
		寒冷地区保温防冻检查	1
		液位计数据准确性与传输功能检查	1
	电光标志	外观检查	1

续上表

分部设施名称	分项设施名称	主要检查内容	权　重
消防设施	电光标志	△检查显示功能是否正常	1
		电光标志亮度检查	1
	横通道	外观检查	0.2
		△门开关功能与规范的符合性	2
		门远程及本地手动操作功能是否正常	1
		横通道内照明功能	1
		门密封性检查	1
		标识位置、外形、亮度检查	1
监控与通信设施	亮度检测器	外观检查	0.5
		△设备功能是否正常	1
		对比测试指示值是否正确	1
	能见度检测器	外观检查	0.5
		△设备功能是否正常	1
		对比测试指示值是否正确	1
	CO 检测器	外观检查	0.2
		△设备功能是否正常	1
		对比测试 CO 浓度指示值是否正确	1
	风速风向检测器	外观检查	0.2
		△设备功能是否正常	1
		对比测试指示值是否正确	1
	车辆检测器	△设备功能是否正常	1
		测试数据准确性检查	1
	闭路电视监控系统	外观检查	0.5
		△摄像机基本功能检查	2
	闭路电视监控系统	摄像机动作功能检查	1
		视频切换、控制是否正常	1
		与紧急电话等的联动试验	1
		与防灾控制的联动试验	1
		进行图像质量评价	2
		硬盘录像机录像功能检查	1
	视频事件检测器	△功能检查	1

续上表

分部设施名称	分项设施名称	主要检查内容	权　重
监控与通信设施	大屏幕系统	外观检查	0.2
		△大屏图像显示功能检查	2
		对视频信号的调用、切换功能检查	1
		窗口缩放、移动、多视窗显示等功能检查	1
	地图板	外观检查	0.2
		显示各类环境监测仪器数据功能是否正常	1
		显示各类交通控制设施状态信息是否正常	1
		紧急电话摘、挂机信息显示是否正常	1
	紧急电话	外观检查	0.2
		△分机能否一键呼叫主机	2
		分机处话音是否清晰、音量适中、无噪声、无断字等缺陷	2
		控制台有无自动录音功能	1
		中心是否可立即自动显示故障信息	1
		控制台是否可取消呼叫	1
		主机是否能检测到线路连接、电池、传输故障等情况	1
	广播	行车接听试验(无线广播)	1
		△能否向隧道广播话音	2
		环境噪声≤90dB时,话音是否清晰,隧道中能否听清广播内容	2
		有无音区多路切换选择广播功能,是否可进行单、多音区广播	1
		是否可播放已事先录好的节目,是否也可由监控员实时广播	1
		是否可对广播喇叭音量的大小进行调节	1
		是否可对指定的节目源循环广播	1
		是否可对广播内容进行实时录音	1
	本地控制器	外观检查	0.2
		△按照指令控制相应设施功能是否正常	2
		独立运行功能测试	1
		断电恢复功能检查	1
	交通控制和诱导设施(可变标志、车道指示器、交通信号灯)	外观检查	0.2
		查找不良像素管	1
		△按照指令显示功能是否正常	2

续上表

分部设施名称	分项设施名称	主要检查内容	权　重
监控与通信设施	交通控制和诱导设施(可变标志、车道指示器、交通信号灯)	按照指令显示的及时性检查	2
		亮度检查	2
		净高检查	1
		悬挂设施基础稳定性检查	2
	光、电缆	光缆、电缆线路巡视检查	1
		尾纤(缆)、终端盒、配线架外观检查	1
	监控室设备及系统	外观检查	0.2
		设备功能与工作状态检查	1
		数据保存、备份设备检查	1
		监控室温、湿度检查	1
	软件应急方案	火灾、危化品车事故控制预案软件是否符合设计或养护管理单位备案的应急方案	1
		突发交通事故控制预案软件是否符合设计或养护管理单位备案的应急方案	1

注:带"△"号的检查内容为关键内容,如果不满足要求则该分项设施检测项目得0分。

E.0.3 交通工程与附属设施各分部技术状况抽样评价(表E.0.3),采用分部设施中所有抽样分项设施检测项目得分加权平均值作为该分部设施的检测得分,计算公式见(E.0.3)。其中,隧道照明分项的权重为5,其余各分项的权重均为1。

$$\text{分部设施检测项目得分} = \frac{\sum \text{各分项设施检测项目得分} \times \text{该分项权重}}{\sum \text{各分项权重}} \times 100 \quad (\text{E.0.3})$$

表 E.0.3　隧道机电设施分部设施技术状况等级界限值

分部设施技术状况评价	隧道机电设施分部设施技术状况评定分类			
	1类	2类	3类	4类
	≥90	≥80,<90	≥70,<80	<70

E.0.4 机电设施抽样技术状况等级评定,采用考虑机电设施各项目权重的综合评定方法。机电设施整体抽样技术状况评价可按式(E.0.4)及表E.0.4进行。

$$\text{JTCI} = \frac{\sum_{i=1}^{n} E_i w_i}{\sum_{i=1}^{n} w_i} \quad (\text{E.0.4})$$

式中:E_i——按式(E.0.3)计算得到的各分部设施检测项目得分(0~100);

w_i——各分部权重；

$\sum_{i=1}^{n} w_i$——各分部权重和；

JTCI——设施总体技术状况评价(0～100)。

表 E.0.4　机电设施各分部权重表

分　　部	分部权重 w_i	分　　部	分部权重 w_i
供配电设施	23	消防设施	21
照明设施	18	监控与通信设施	19
通风设施	19		

E.0.5　隧道机电设施技术状况抽样评价等级可按表 E.0.5 分类。

表 E.0.5　隧道机电设施总体技术状况等级界限值

总体技术状况评分	隧道交通工程及附属设施总体技术状况抽样评价分类			
	1 类	2 类	3 类	4 类
	≥90	≥80，<90	≥70，<80	<70

附录 F　重点桥梁/隧道养护管理状况备查资料清单(资料性附录)

一、省级受检单位准备资料

省级受检单位应提前准备《××省××××年度桥隧养护管理情况》介绍材料。内容包括本省公路桥梁/隧道概况、本省公路桥梁/隧道执行桥梁/隧道养护标准规范及部颁文件的情况、本省公路桥梁/隧道挂牌督办及整治情况、本省危桥危隧改造情况、本省公路桥梁/隧道养护先进经验及四新技术、本省公路桥梁养护面临的困难及相关建议等。

二、重点桥梁养管单位准备资料

1)桥梁基础资料

(1)桥梁设计施工图及竣工图,结构计算分析报告;

(2)设计变更资料;

(3)专题研究报告;

(4)施工过程中的试验检测及科研资料;

(5)工程事故处理资料;

(6)施工全过程的结构位移或变形测试资料;

(7)观测或监测点(部位)资料;

(8)交(竣)工验收资料;

(9)大中修资料;

(10)当建设期资料缺失时,运营期应通过检测完善相关基础资料。

2)桥梁管理资料

包括桥梁管理工作制度及组织架构情况;桥梁养护管理单位、监管单位及其分管领导、桥梁养护工程师等的基本资料;桥梁养护工程师业务考核情况和年度主要工作情况。

3)桥梁检查资料

包括桥梁基本状况卡片、现行《公路桥涵养护规范》(JTG H11)中规定的历年“桥梁定期检查记录表”、经常检查、定期检查、特殊检查、荷载试验、专项检查等相关报告以及检查的时间、实施人员、检测(试验)方的资质证书(复印件)、业绩证明(复印件)。

4)桥梁养护维修资料

(1)桥梁养护管理制度、技术手册、养护对策与计划等技术资料;

(2)桥梁养护管理单位现有的桥梁检查养护管理模式、取得的成功经验、面临的困难和迫切需要解决的问题等;

(3)小修保养工程的实施技术资料和养护质量评定结果,以及工程实施的时间、组织实施人员等;

(4)桥梁的大修、中修、改建工程的设计图、竣工图、施工资料、监理资料、监控(监测)资料、质量事故处理报告、交(竣)工验收等技术资料,以及设计、施工、监理和监控(监测)等各方的资质证书(复印件)、业绩证明(复印件)及其主要检测人员的资格证书(复印件)等。

5)桥梁特殊情况资料

主要包括地质灾害、气象灾害、火灾、超限运输、船撞等特殊事件的具体情况、损害程度、处治方案等。

6)应急预案制定和执行情况记录

桥梁养护管理单位针对本桥制定的应急预案及执行情况,包括应急预案的启动、突发事件的报告制度执行情况等。

7)桥梁信息化管理系统建设情况

主要包括公路桥梁管理系统和健康监测系统,介绍已有的桥梁检查、健康监测、管理的信息化平台(或类似工具、软件等),以及平台使用的经验总结。

8)其他资料

桥梁养护资金组成资料、交通量及车辆组成资料、桥址地区气象环境资料。重点桥梁/隧道养护管理状况监督检查方法以查阅管理资料、座谈交流和现场问询的方式,开展内业检查工作。同时利用数码设备对必要的资料进行采集,对省级交通运输主管部门或公路管理机构及受检的养护管理单位提供的资料归类后,进行详细的文字记载与图片记录,并分别进行养护管理状况监督检查。

三、重点隧道养护管理单位准备资料

1)隧道基础资料

(1)隧道设计施工图、专题研究报告;

(2)施工过程科研资料;

(3)设计变更资料;

(4)施工过程试验检测资料、检测量测资料(含预警报告);

(5)土建结构交、竣工图;

(6)隧道机电设施(通风、照明、消防、供配电、监控及交安系统)的设计图;

(7)隧道机电设施交、竣工图及使用手册、使用说明书、质保证书等;

(8)相关地勘资料;

(9)当建设期资料缺失时,运营期应通过检测完善相关基础资料。

2)隧道管理资料

隧道管理体制和运行机制情况、隧道管理制度建设及执行情况、隧道管理机构和人员配备(含隧道养护工程师配备)情况、隧道管理经费来源及使用情况等文件材料。

3)隧道检查资料

隧道基本状况卡片、现行《公路隧道养护技术规范》(JTG H12)中规定的历年日常巡查、经常检查、定期检查、应急检查、专项检查等相关报告及实施机构和人员的资质、业绩证明等。

4)隧道维修资料

隧道养护管理相关制度、技术手册、病害处置措施及养护计划安排等资料;隧道现有养护管理模式的成功经验、面临的困难及需解决的问题等;隧道土建结构及隧道机电设施的大修、中修、改建工程的设计图、施工图、交(竣)工图、监理、监控(量测)资料、交(竣)工验收资料。

5)隧道安全运行资料

隧道安全运行管理方面的相关制度、超限、危化品等车辆运输管理的处治措施和手段;隧道使用安全宣传资料、安全隐患排查治理资料等。隧道历年事故记录及分析报告等。

6)隧道应急处置资料

隧道应急预案制定和执行情况记录、应急演练开展情况、隧道交通应急管理联动机制建立情况,隧道突发事件的损害程度、应急响应、处治措施等资料。

7)隧道信息化管理系统建设情况

隧道养护管理系统和健康监测系统等养护信息化平台(或类似工具、软件等)使用的经验总结。

8)其他资料

隧道交通量及车辆组成资料、隧道安全故事记录、隧址地区气象环境资料等。

附录G 重点桥梁养护管理状况监督检查评价标准(规范性附录)

表G-1 省级交通运输主管部门养护管理状况监督检查评价标准

二级指标	三级指标	评价项目	评分标准	分值
能力指标 27	责任划分制度 15	1.1 责任划分	落实了责任主体和监管主体,且通过相关文件明确划分了管理职责,得40分;落实了责任监管主体,但管理职责划分不清,得20分;未落实责任监管主体,得0分	40
		1.2 监管能力	能够通过技术状况复核、挂牌督办、信息公示、奖惩措施等具体手段实现对养管单位的全面监管,履行监管职责,得40分;监督能力不足,仅可部分履行监管职责的,得20分;无法履行监管职责,难以进行有效监管的,得0分	40
		1.3 长大桥梁目录	编制了本省的长大隧桥梁目录,能够及时更新并抄告危险品运输许可机关,得20分;编制目录但未能及时更新或抄告危险品运输许可机关的,或编制目录不符合要求的,得10分;未编制目录,得0分	20
	资金保障制度 40	2.1 养护资金保障	有完善的省级桥梁养护资金保障制度,科学、合理编制年度预算计划并及时下拨资金,能直接对资金情况进行掌握和监管的,得40分;制度较完善,养护资金安排和下拨欠合理,与其他单位共同管理(但主要为人事任命),得20分;无制度,计划不合理、下拨不及时进而影响养护工作开展的,省级单位对资金情况难以掌握和监管的,得0分	40
		2.2 养护资金管理	对特大、特殊结构和特别重要桥梁有明确的定义,并针对“三特”桥梁安排了专项的养护资金,得30分;有明确定义但范围不全面,安排专项资金,得20分;有明确定义但未安排专项资金,或定义模糊但安排部分专项资金,得10分;对“三特”桥梁定义模糊且无专项资金的,得0分	30
		2.3 监测资金管理	设立了省级专项监测资金,并利用资金有效开展了专项监测工作,成效显著的,得30分;设立了监测资金并开展了相关工作,但成效一般,得15分;未设立专项监测资金,或开展的监测工作效果较差,得0分	30
	养护工程师制度 30	3.1 养护工程师管理	根据本地区实际情况,制定了省级养护工程师管理办法,并依据管理办法配备了相应的养护工程师,得50分;配备桥梁养护工程师,但与管理办法中的要求存在不符的,得25分;无相应的管理办法,未配备桥梁养护工程师,得0分	50
		3.2 养护工程师专业能力	省级桥梁养护工程师应具有5年以上从事桥梁养护管理的工作经历,具有高级工程师及以上技术职称,能够胜任对省内桥梁的监管工作,得50分;桥梁养护工程师不符合工作年限和职称要求,但能胜任相关工作,得25分;桥梁养护工程师不符合工作年限和职称要求,不能胜任相关工作,得0分	50

续上表

二级指标	三级指标	评价项目	评分标准	分值
能力指标 27	监测制度 15	4.1 重点桥梁监测制度	建立了省级重点桥梁技术状况监测制度,并结合监测结果定期分析重点桥梁养护管理和安全运行情况,得100分;建立制度,基本能够指导监测工作有效开展的,得60分;未建立相应制度,但开展了相应监测工作的,得30分;监测制度与监测工作均未开展的,得0分	100
执行力指标 38	信息公开制度 10	5.1 省级对桥梁公示牌设置进行了统一要求	按交通运输部相关制度要求,省级公路管理部门对全省桥梁设置桥梁公示牌进行了统一安排部署,实施情况良好,符合规定,得80分;开展统一部署工作,但实施情况一般,得40分;未进行统一部署或实施情况较差,得0分。	80
		5.2 桥梁安全运营宣传	能够加强桥梁安全运行相关规定、安全和应急避险救助常识宣传,提高桥梁使用者的安全意识,得20分;部分开展或实施效果一般,得10分;未开展相应宣传工作,得0分	20
	例行检查制度 25	6.1 检测市场管理	建立了省级桥梁检测单位信用评价体系,且体系完备,能够有效管理桥梁检测市场,得20分;体系不够完备,不能有效管理桥梁检测市场,得10分;未建立桥梁检测单位信用评价体系,得0分	20
		6.2 检测质量管理	有对桥梁技术状况进行复核的完善机制,有具体有效的措施落实对省内桥梁检测质量的监管,得80分;不能有效监管省内桥梁检测质量,得40分;能够对桥梁技术状况进行复核,但没有对桥梁技术状况进行复核的机制,不能对省内桥梁检测质量进行有效监管,得0分	80
	分类处置制度 20	7.1 分类处置制度建设	制定了省级桥梁分类处置制度,措施合理,细节完善,可行性强,得50分;制定了桥梁分类处置制度,但针对性不强,操作性差,得25分;未制定桥梁分类处置制度,得0分	50
		7.2 病害处治与加固制度建设	建立了省级桥梁重要病害动态管理相关制度,得50分;未建立,得0分	50
	技术档案管理 20	8.1 信息化建设	建立了省级公路桥梁信息化管理系统,并实现了各级桥梁养护管理数据互通工作,且数据准确,更新及时;能够以信息化管理系统为基础,对重点桥梁和危旧桥梁进行有效监管,得100分;系统使用正常,数据基本能实现互通,更新较为及时,可利用系统进行监管的,得60分;系统使用基本正常,部分数据无法互通或更新,得30分;未建立系统、系统无法正常使用、大量数据不能互通或及时更新的,得0分	100
	定期培训制度 15	9.1 定期培训	每年组织不少于一次面向全省桥梁养护管理技术人员的培训,培训后的桥梁养护工程师能够掌握桥梁养护知识和技能,能够对桥梁进行有效管理,得50分;组织培训,但培训效果欠佳,养护工程师不能进行有效管理的,得25分;未组织人员培训,得0分	50
		9.2 应急预案及演练	针对桥梁突发事件制定省级专项预案,且每年度至少组织1次省级桥梁专项或综合应急演练,得30分;有预案,但没有应急演练,得15分;无预案也无演练,得0分	30
			能够对桥梁养管单位的应急工作进行有效指导和协调,得20分;对养管单位进行指导,基本满足其应急工作的需要,得10分;未进行相关的指导和协调,得0分	20

续上表

二级指标	三级指标	评价项目	评 分 标 准	分值
执行力指标 38	年度报告制度 10	10.1 年度报告制度	针对所辖范围制定了省级桥梁年度报告制度,规定了上报的时间、格式、要求,且执行较好的,得 40 分;制定了相关制度,但执行情况一般的,得 20 分;未制定年度报告制度或执行情况较差的,得 0 分	40
		10.2 上报部情况	在监测当年 3 月 1 日前能够提交上一年度的年度报告至部公路局,得 60 分;监测当年 3 月 1 日前未提交,但在监测期间(3 月 1 日至 7 月 31 日)能够进行上报的,得 30 分;截至 7 月 31 日仍未上报的,得 0 分	60
成效指标 35	挂牌督办制度 10	11.1 挂牌督办制度	建立了省级安全隐患挂牌督办制度,并对挂牌督办的桥梁限期整改,得 10 分;未建立相关制度或未对督办桥梁进行整改的,得 5 分;未建立制度且未进行整改的,得 0 分	10
		11.2 部级督办	若省内无被部列为挂牌督办桥梁,或部级挂牌督办桥梁安全隐患得到了有效的整改,已完整摘牌的,得 40 分;部级督办桥梁安全隐患得到了有效的整改,但未进行摘牌的,得 24 分;进行了整治,但整治措施不完善,或效果欠佳,得 12 分;安全隐患未整治,得 0 分	40
		11.3 省级督办	若省内无被省级主管部门列为挂牌督办桥梁,或省级挂牌督办桥梁安全隐患得到了有效的整改,已完整摘牌的,得 40 分;省级督办桥梁安全隐患得到了有效的整改,但未进行摘牌的,得 24 分;进行了整治,但整治措施不完善,或效果欠佳,得 12 分;安全隐患未整治,得 0 分	40
		11.4 问题整改	对部年度路况监测情况通报中指出的问题及重点桥梁监测时的书面反馈意见,省级交通主管部门能够认真整改,得 10 分;基本能够进行落实的,得 5 分;未落实或落实情况较差的,得 0 分	10
	超限超载治理 20	12.1 超限超载治理	能够提供上一年度全省超限超载率统计数据,与监测组掌握数据吻合的,且平均超限超载率控制在 0.5%(高速公路)或 2%(普通国道)以下,得 100 分;提供部分数据或数据准确性存在问题,平均超限超载率控制在 0.5% ~3%(高速公路)或 2% ~5%(普通国道),得 50 分;不能提供统计数据的,或平均超限超载率超过 3%(高速公路)或 5%(普通国道),得 0 分	100
	桥梁保护区管理 20	13.1 桥梁保护区管理	近 5 年内,至少组织开展了一次全省桥梁安全保护区隐患排查工作,有部署、有要求,及时发现安全隐患并进行处置,成效良好,得 100 分;开展了隐患排查工作,成效较好的,得 60 分;开展了隐患排查工作,但成效一般的,得 30 分;近 5 年内从未组织开展安全区隐患排查或开展成效较差的,得 0 分	100
	通行安全管理 20	14.1 车辆通行管理	有省级桥梁上车辆通行安全的相关管理制度,制度全面,得 100 分;制度较为全面的,得 60 分;制度没有可操作性,得 30 分;未制定有关制度,得 0 分	100
	四新技术应用 10	15.1 四新技术应用	注重养护实用技术的研究并取得相应技术成果;大力推广养护新技术、新材料、新工艺、新设备,并取得明显成效,得 100 分;省内桥梁养管中有技术创新,且取得了一定的技术成果,得 60 分;进行了部分技术创新,但推广成效一般,得 30 分;几乎无技术创新,得 0 分	100

续上表

二级指标	三级指标	评价项目	评分标准	分值
成效指标 35	危桥改造及其他 20	16.1 资金保障	已设置省级危桥改造专项资金,且保障资金充裕,能够保证危桥改造及时进行,得30分;已设置危桥改造保障资金,但资金不足,得15分;未设置危桥改造专项资金,得0分	30
		16.2 管理措施	制定了省级四、五类桥梁管理办法,制度合理,可行性强,且能够有效落实,得50分;制定了四、五类桥梁专门的管理办法,但可行性差或未得到有效落实,得25分;未制定针对四、五类桥梁有专门的管理办法,得0分	50
		16.3 其他	受检单位组织得当、纪律严明,配合工作积极认真,得20分;受检单位组织、纪律较强,配合工作较认真,得10分;受检单位无组织、无纪律,配合不当,得0分	20

表 G-2 重点桥梁养护管理单位养护管理状况监督检查评价标准

二级指标	三级指标	评价项目	评分标准	分值
能力指标 27	责任划分制度 18	1.1 责任主体单位管理能力	技术实力较强,能够有效把控桥梁的安全风险,得20分;实力尚可,基本能够把控风险,得12分;技术实力一般,风险把控上存在问题,得6分;技术实力较差,不能把控风险的,得0分	20
			能够通过有效管理或与当地政府及时沟通,消除桥梁保护区占用、船撞等安全隐患,得20分;管理基本有效、沟通基本及时,基本上可消除风险的,得10分;管理不当或无法沟通,存在安全隐患的,得0分	20
			建立了养护科学决策相关制度或规定,明确了数据采集、分析评定、计划编制的方法、程序和要求,能够根据当前桥梁病害和技术状况数据,分析、预测未来病害的发展趋势,并以此作为年度养护工程计划和养护方案编制的依据,得20分;养管单位开展了养护科学决策方面的相关研究或工作,能够收集、分析桥梁病害和技术状况信息,以此作为制定年度养护计划的依据,得10分;仅按既定模式编制养护计划和方案,不考虑桥梁当前病害分布和发展趋势,得0分	20
			制定了预防性养护相关制度或指导意见,提出相关预防性养护措施,得20分;制定了相关制度但未采取相应措施,或采取了相应措施但无相关制度的,得10分;无相关制度、未采取相应措施,得0分	20
			养护机械与设备配备齐全,养护作业基本实现机械化、安全及质量控制保障有力,得20分;配置情况较好的,得12分;配置情况一般的,得6分;配置情况较差,得0分	20
	资金保障制度 47	2.1 养护资金配置	建立有完善的资金保障制度,监测桥梁的资金投入能够保障经常检查、小修保养、定期检查3项工作的有效开展,实施效果良好的,得60分;养护资金投入能够保障3项工作中的2项有效开展,得40分;养护资金投入仅能够保障3项工作中的1项有效开展,得20分;未建立完善的资金保障制度、资金投入不能保障任何1项工作的有效开展,得0分	60
		2.2 应急与安全运行资金管理	设立了专项应急与安全运行资金,并进行有效管理和使用的,得40分;设立了专项资金,但管理和使用不当的,得20分;未设立专项应急与安全运行资金,得0分	40

续上表

二级指标	三级指标	评价项目	评分标准	分值
能力指标 27	养护工程师制度 35	3.1 养护工程师配置	配备了专职桥梁养护工程师,并且配备了必要的技术人员协助养护工程师开展工作,得30分;长大、重点桥梁所属路段配备了桥梁养护工程师,得15分;未配备桥梁养护工程师,得0分	30
		3.2 养护工程师管理	组建了专门从事桥梁养护工作的专业队伍,桥梁养护专业化水平较高,能够有效开展桥梁养护管理工作,得20分;队伍水平尚可,能够保障工作开展,得12分;队伍水平一般,部分工作不能有效开展,得6分;专业水平较低,难以开展养管工作,得0分	20
		3.3 养护工程师专业能力	桥梁养护工程师具有3年以上从事桥梁养护管理工作经历,具有工程师及以上技术职称,得25分;否则得0分	25
			桥梁养护工程师掌握桥梁养护相关制度和规定,掌握桥梁结构特点,具备完善的养护知识,得25分;熟悉相关制度规范和桥梁特点,具备一定养护知识,得15分;对相关制度规范和养护知识仅有一定了解,得7.5分;不清楚桥梁养护制度、规范,缺乏养护知识,得0分	25
执行力指标 38	信息公开制度 11	4.1 养护主体单位评价指标	抽检的桥梁信息公示牌设置符合要求,并且信息准确、翔实,得60分;公示牌信息有误,得30分;未设置信息牌,得0分	60
		4.2 桥梁安全运营宣传	能够加强桥梁安全运行相关规定、安全和应急避险救助常识宣传,提高桥梁使用者的安全意识,得40分;部分开展或实施效果一般,得20分;未开展相应宣传工作,得0分	40
	例行检查制度 28	5.1 检测频率与内容	日常巡查主体、频率、要求明确,处置及时,记录完整,得10分;巡查工作基本明确,记录基本完整的,得5分;未按规定开展巡查或盲目开展,记录缺失,得0分	10
			近5年内按规范要求及时开展桥梁经常检查,检查范围明确,检查技术先进合理,检查记录规范完整,得20分;频率低于规范要求或检查记录不规范,得10分;未进行经常检查,得0分	20
			近5年内按照规范要求进行桥梁技术状况的全面检查,应不少于3年一次,特大、特殊结构和特别重要桥梁定期检查应不少于1年一次,且检查内容规范,得30分;检查频率和检查范围不够合理,得15分;未进行定期检查,得0分	30
			根据桥梁实际情况,及时开展桥梁特殊检查,检查范围明确,检查技术先进合理,检查记录规范完整,得20分;进行过特殊检查,但检查频率和检查范围不够明确,得10分;未按规范执行特殊检查,得0分	20
		5.2 汛前检查	汛期前开展了有针对性的检查,并加大了日常巡查和经常检查的频率,得10分;汛期前增加了部分检查工作的频率和内容,针对性一般,得5分;未开展汛前检查,得0分	10
		5.3 检查资料齐全	近5年内运营期各类检测资料齐全,桥梁定期检查单位具有相关资质;资料数据翔实,检测报告内容全面,深度符合规范要求,得10分;存在个别检测单位资质不全以及检测单位检测项目存在不符合项的问题,得5分;未见近5年的检测资料,得0分	10

续上表

二级指标	三级指标	评价项目	评 分 标 准	分值
执行力指标 38	分类处置制度 22	6.1 病害处治与加固项目实施	根据桥梁实际情况,结构防腐或预防性养护实施及时,效果良好,得5分;否则得0分	5
			能够及时开展针对桥梁上、下部结构和桥面系的小修保养工程,有效修复构件轻微损伤,得10分;开展了某些部位或构件的小修保养,实施效果较好,缺损基本修复,得5分;未开展小修保养工程,或实施效果较差,不能及时修复缺损,得0分	10
			加固工程设计合理、施工科学、规范,质量与安全控制措施有力,得10分;工程设计基本合理、施工基本科学规范,质量安全措施基本满足的,得5分;设计方案不合理、施工过程不规范、质量安全保障差,得0分	10
		6.2 应急预案	针对自然灾害和其他原因可能造成的公路桥梁安全运行事故,制定了突发事件应急预案,且预案内容全面、可操作性强,得10分;制定了相应预案,但内容单薄、可操作性差,得5分;未制定相关预案,得0分	10
			对特大、特殊结构和特别重要桥梁和危旧桥梁单独制定了应急预案,且预案有针对性、可操作性强,得10分;制定了相应预案,但针对性、可操作性差,得5分;未单独针对“三特”桥梁制定预案,得0分	10
			针对常见突发事件,定期进行应急演练,演练记录齐全,得10分;进行了演练,演练记录缺失,得5分;未开展相关应急演练,得0分	10
			对造成桥梁发生损伤的安全事故有完备的记录,并进行专项评估,得5分;否则得0分	5
			能够对应急设备定期进行维护,确保其使用功能正常,得10分;进行维护但效果一般的,得5分;未进行维护,得0分	10
			组建了应急救援队伍,并定期进行业务培训,保障其应急处置能力的,得10分;组建队伍并进行培训,但培训效果一般,得5分;未组建队伍或开展业务培训的,得0分	10
		6.3 联动协调	与地方公安交通管理、反恐、消防、交通运输、安监和卫生医疗等单位进行有效的联动协调,涉及通航桥梁还应加强与海事、航道等单位的联动协调,得10分;养管单位与部分单位进行了联动协调,得5分;未进行联动协调的,得0分	10
		6.4 风险防控	建立、健全风险管理和隐患排查工作制度,编制了风险辨识手册,并建立风险动态监控机制,得10分;编制有相应的风险辨识制度或手册,但针对性一般,得5分;未建立相关制度或风险辨识手册,得0分	10

续上表

二级指标	三级指标	评价项目	评 分 标 准	分值
执行力指标 38	技术档案管理制度 22	7.1 资料完备程度	按照“一桥一档”的要求建立纸质桥梁技术档案,做到内容完整、更新及时、方便实用,得 20 分;建立情况较好,得 12 分;建立情况一般,得 6 分;建立情况较差或未建立“一桥一档”,得 0 分	20
			桥梁设计施工图、施工监控资料,以及施工过程中的试验检测及科研资料等齐全,且管理规范,得 10 分;少量缺失,得 5 分;缺失严重,得 0 分	10
			桥梁竣工图等交竣工验收资料齐全,且管理规范,得 10 分;少量缺失,得 5 分;缺失严重,得 0 分	10
			桥梁运营期间各类检查与维修资料齐全、数据翔实,且管理规范,得 10 分;少量缺失,得 5 分;缺失严重,得 0 分	10
			桥梁交通量记录、重车过桥记录、事故记录等运营管理资料齐全规范,得 10 分;少量缺失,得 5 分;缺失严重,得 0 分	10
			针对监测桥梁本身结构与养管特点,编制了专门的桥梁养护手册、指南或细则等,得 10 分;针对辖区内桥梁编制了通用的手册、指南或细则,得 5 分;未编制相关手册、指南,或编制的手册单薄、针对性差,缺乏指导作用,得 0 分	10
		7.2 桥梁管理系统	建立了公路桥梁管理系统,能够及时进行数据录入,委派专人进行系统维护,且监测期间系统运行正常,得 20 分;建立养护管理系统,但系统功能欠缺,数据未及时录入更新,监测期间无法正常运行,得 10 分;未建立养护管理系统,得 0 分	20
		7.3 防灾及结构监测	跨海大桥建立了完善的防灾监测系统、结构健康监测系统及防护系统建设,并定期完成监测评估报告,不断完善评估制度,得 10 分;建立部分系统,功能基本正常,监测评估报告或制度基本完善,得 5 分;未建立相关系统,得 0 分	10
	定期培训制度 17	8.1 定期培训制度	近 5 年内:桥梁养护管理技术人员每年参加培训时间不少于 16 学时,得 100 分;有 1 年学时不满足要求,得 60 分;有 2 年学时不满足要求的,得 30 分;3 年及以上不满足要求或从未参加桥梁养护管理培训,得 0 分	100

续上表

二级指标	三级指标	评价项目	评分标准	分值
成效指标 35	桥梁保护区管理 34	9.1 监管机制	建立了桥梁安全保护区管理制度和执法查处协作机制,对安全区监管到位,得40分;建立了相关制度、机制但对安全区监管不力,或无相关制度、机制但监管到位的,得20分;无相关协作机制且监管不到位的,得0分	40
		9.2 桥下空间管理	监测桥梁无桥下空间(含桥梁内部空间)被占用情况,包括填土、可燃物堆积、违建等现象,得30分;存在占用现象,根据占用程度,可得20分、10分、0分	30
		9.3 管线设施管理	桥梁上无堆放物品、搭建设施以及铺设高压电线和输送易燃、易爆或有毒有害气体、液体的管道的情况,得30分;存在占用现象,根据占用程度,可得20分、10分、0分	30
	通行安全管理 33	10.1 设施设置	根据桥梁实际需求,设置了相应的消防、救援等安全附属设施,得50分;设置情况较好的,得30分;设置情况一般,得15分;设置情况较差或未设置,得0分	50
		10.2 标志齐全	安全警示标志和交通(通航)标志齐全,状况良好,得50分;标志个别缺失,状况较好的,得30分;标志多处缺失,局部损坏,得15分;缺失或损坏严重的,得0分	50
	危桥改造项目及其他 33	11.1 其他	受检单位组织得当、纪律严明,配合工作积极认真,得100分;受检单位组织、纪律较强,配合工作较认真,得50分;受检单位无组织、无纪律,配合不当,得0分	100

附录H 重点隧道养护管理状况监督检查评价标准(规范性附录)

表H-1 省级交通运输主管部门养护管理状况监督检查评价标准

二级指标	三级指标	评分项目	评 分 标 准	分值	土建	机电	均分
能力指标 27	制度建设与落实 15	1.1 责任划分	落实了全省隧道责任主体和监管主体,管理职责划分明确,得40分;落实了责任主体和监管主体,但管理职责划分不明确,得20分;落实了责任主体,但管理职责不明确,得10分;责任主体和监管主体不明晰,得0分	40			
		1.2 监管能力	针对隧道养护管理工作有相关制度或指导性意见,较好,得40分;有相关制度或指导性意见,基本完善,得30分;有相关制度或指导性意见,但不完善,得10分;无相关制度或指导性意见,得0分	40			
		1.3 长大隧道目录	编制了长大隧道目录,并抄告危险品运输许可机关,且能及时更新,得20分;上述工作完成情况一般,得10分;完成情况差或未完成,得0分	20			
	资金保障制度 40	2.1 养护资金保障	有完善的隧道养护资金保障制度,且能够根据隧道养护工作和安全管理需要专项安排隧道养护资金,得40分;有制度,但不能够根据隧道养护和安全管理需要专项安排隧道养护资金,得20分;未建立相关制度,得0分	40			
		2.2 养护资金管理	特长、特殊结构和特别重要隧道以单座隧道为单位和按养护作业类别安排专项养护资金,资金充足且落实到位,得30分;资金不足或未落实到位,得15分;未安排专项养护资金,得0分	30			
		2.3 监测资金管理	设立了省级隧道监测专项资金,且能够组织具备相应资格的隧道检测单位进行隧道养护管理和安全运行管理工作的监督检查,得30分;不足以较好的开展隧道专项监测工作的,得15分;未设立专项监测资金,得0分	30			
	养护工程师制度 30	3.1 养护工程师制度	根据本地区实际情况,制定了隧道养护工程师管理办法,配备了隧道养护工程师,且人员相对稳定,得50分;配备了隧道养护工程师,但没有相关管理办法,得10~50分;未配隧道养护工程师,得0分	50			
		3.2 养护工程师专业素质	隧道养护工程师应具有五年以上从事隧道养护管理的工作经历,具有高级工程师及以上技术职称。隧道养护工程师能够胜任对省内隧道的监管工作,得50分;隧道养护工程师不符合工作年限和职称要求,但能胜任相关工作,得25~50分;隧道养护工程师不符合工作年限和职称要求,且不能胜任相关工作,得0分	50			
	监测制度 15	4.1 重点隧道监测制度	建立重点隧道技术状况监测制度,结合监测结果定期分析重点隧道养护管理和安全运行情况,得100分;建立了重点隧道技术状况监测制度,但未能有效开展或定期分析监测结果,得50分;未建立监测制度,得0分	100			

续上表

二级指标	三级指标	评分项目	评分标准	分值	土建	机电	均分
执行力指标 38	信息公开 18	5.1 隧道安全运营宣传	制定了涉及加强隧道安全运行相关规定、安全和应急避险救助常识的宣传制度,并以多种形式组织开展,取得良好效果,得100分;建立相关宣传制度,或宣传效果一般,得50分;未建立相关宣传制度、未开展相关宣传活动,得0分	100			
	技术档案管理 36	6.1 信息化建设	建立了公路隧道信息化管理系统,并实现了各级隧道养护管理数据互通工作,且数据准确,更新及时,得100分;数据不准确或更新不及时,系统功能不完善,得50分;未建立公路隧道信息化管理系统,得0分	100			
	定期培训制度 28	7.1 安全培训	每年定期组织隧道养护安全知识培训,培训频率满足要求,培训内容全面、针对性强,资料齐全,得30分;培训频率满足要求,资料基本齐全,得20分;培训频率较低或资料不齐全,得10分;未定期组织培训,得0分	30			
		7.2 技术培训	每年定期组织隧道养护技术知识培训,培训频率满足要求,培训内容全面、针对性强,得30分;培训频率满足要求,资料基本齐全,得20分;培训频率较低或资料不齐全,得10分;未定期组织培训,得0分	30			
		7.3 应急预案及演练	针对隧道突发事件制定专项预案,且每年度至少组织1次省级隧道专项或综合应急演练,得20分;有预案,但没有应急演练,得10分;无预案也无演练,得0分	20			
			加强对隧道养护管理单位应急工作的指导和协调,满分20分	20			
	年度报告制度 18	8.1 年度报告制度	建立了隧道养护管理和安全运行年度报告制度,省内隧道养护管理和安全运行情况能够及时上报到省级交通运输主管部门,且能及时上报到交通运输部相应管理部门,得100分;能够及时上报到省级交通运输主管部门,但未能及时上报到交通运输部相应管理部门,得50分;不能够及时逐级上报到省级交通运输主管部门,得0分	100			
成效指标 35	挂牌督办制度 17	9.1 部级督办	若省内无被部列为挂牌督办隧道或部级挂牌督办隧道安全隐患得到了有效的整改,得40分;已采取措施对部级挂牌督办隧道安全隐患进行整治,但整治不完善,或效果欠佳,得20分;安全隐患未整治,得0分	40			
		9.2 省级督办	若省内无被省级主管部门列为挂牌督办隧道或省级挂牌督办隧道安全隐患得到了有效的整改,得40分;已采取措施对省级挂牌督办隧道安全隐患进行整治,但整治不完善,或效果欠佳,得20分;安全隐患未整治,得0分	40			
		9.3 问题整改	对部年度路况监测情况通报中指出的问题及重点隧道监测时的书面反馈意见,省级交通运输主管部门做到举一反三,认真整改,得20分;否则得0分	20			

续上表

二级指标	三级指标	评分项目	评 分 标 准	分值	土建	机电	均分
成效指标 35	超限超载治理 33	10.1 超限超载治理	省级交通运输主管部门已制定合理的超限超载管理制度,制度落实情况良好,得 100 分;未能得到有效落实,得 50 分;未制定超限超载管理制度,得 0 分	100			
	基础管理与养护技术创新 17	11.1 预防性养护	对隧道预防性养护提出要求,得 50 分;未提出,得 0 分	50			
		11.2 四新技术	注重养护实用技术的研究并取得相应技术成果;大力推广养护新技术、新材料、新工艺、新设备,并取得明显成效,得 50 分;省内隧道养护管理中有技术创新,且取得相应技术成果,得 25 分;无技术创新,得 0 分	50			
	隧道专项处置及其他 33	12.1 完成部交办工作情况	完成了部交办的工作,工作质量高,得 80 分;实施效果一般,得 50 分;实施效果较差,得 30 分;未完成部交办的工作,得 0 分	80			
		12.2 其他	受检单位组织得当、纪律严明,配合工作积极认真,得 20 分;受检单位组织、纪律较强,配合工作较认真,得 10 分;受检单位无组织、无纪律,配合不当,得 0 分	20			

表 H-2 重点隧道养护管理单位养护管理状况监督检查评价标准

二级指标	三级指标	评分项目	评 分 标 准	分值	土建	机电	均分
能力指标 27	制度建设与落实 18	1.1 养管工作制度建立	制定了针对隧道的养护管理工作制度或办法,明确了工作规范和流程,得 40 分;制定了隧道所在路段的养护管理工作制度或办法,并有相应的工作规范和流程,得 20 分;制定了隧道所在路段的养护管理工作制度或办法,得 10 分;未制定隧道养护管理工作制度或办法,得 0 分	40			
		1.2 隧道养护手册编制	编制了针对隧道结构与养护管理特点的养护管理手册、指南或细则,并予以实施,得 30 分;手册、指南或细则针对性不够,未充分考虑该隧道的结构与养护管理特点,得 20 分;养护管理手册、指南或细则针对性不够,且内容不完善的,得 10 分;未编制,得 0 分	30			
		1.3 维修管理制度	建立了针对隧道的小修保养管理办法与大中修养护工程管理制度且健全、程序规范,得 30 分;制度基本完善,得 20 分;制度不完善,得 10 分;未建立制度,得 0 分	30			
	资金保障制度 47	2.1 养护资金配置	建立有完善的资金保障制度,监测隧道的资金投入能够保障经常检查、小修保养、定期检查 3 项工作的有效开展,实施效果良好的,得 60 分;养护资金投入能够保障 3 项工作中的 2 项有效开展,得 40 分;养护资金投入仅能够保障 3 项工作中的 1 项有效开展,得 20 分;未建立完善的资金保障制度、资金投入不能保障任何 1 项工作的有效开展,得 0 分	60			
		2.2 应急与安全运行资金管理	设立了专项应急与安全运行资金,并进行有效管理和使用的,得 40 分;设立了专项资金,但管理和使用不当的,得 20 分;未设立专项应急与安全运行资金,得 0 分	40			

续上表

二级指标	三级指标	评分项目	评 分 标 准	分值	土建	机电	均分
能力指标 27	专业化管理 35	3.1 专职养护工程师配置	配备了专职隧道养护工程师,得 30 分;配备了兼职隧道养护工程师,得 15 分;未配隧道养护工程师,得 0 分	30			
		3.2 养护队伍	组建了专业化的养护队伍或委托专业养护队伍实施养护工作,工作质量较高,得 40 分;工作质量一般,得 20 分;工作质量较差,得 10 分;未组建专门的养护队伍或委托专业养护队伍,得 0 分	40			
		3.3 养护设备	养护机械与设备配备齐全,满足养护作业需求,基本实现机械化、安全及质量控制保障有力,得 30 分;基本能够保障隧道的日常养护,得 20 分;不能够保障隧道的日常养护,得 10 分;未配备养护设备,得 0 分	30			
执行力指标 38	信息公开 11	4.1 隧道安全运营宣传	制定了隧道安全运行相关规定,实施了安全和应急避险救助常识宣传,满分 100 分。根据宣传工作开展情况酌情扣分	100			
	检查与评定 28	5.1 日常巡查	近 3 年内日常巡查频率符合规范要求,记录完整,得 20 分;近 3 年内记录不完整,得 10 分;近 3 年内未进行过日常巡查,得 0 分	20			
		5.2 经常检查(日常检查)	近 3 年内按 15 规范要求开展经常检查,检查范围明确,检查技术先进合理,检查记录规范完整,得 20 分;近 3 年内按规范要求进行经常检查,检查记录不明确、不细致、不规范,得 20 分;近 3 年内进行经常检查,但频率低于规范要求,得 10 分;近 3 年内未进行经常检查,得 0 分	20			
		5.3 定期检查与技术状况评定	按规范要求及时开展定期检查,检查范围明确,检查技术先进合理,检查记录规范完整;技术状况评定规范准确,且隧道养管机构对定期检查结果进行了复查、并有记录,得 20 分;按规范要求及时开展隧道定期检查,检查范围明确,检查技术先进合理,检查记录规范完整;技术状况评定规范准确,得 15 分;近 3 年内进行过定期检查,检查频率不满足规范要求,或检查内容深度不足,得 10 分;近 3 年内未进行定期检查,得 0 分	20			
		5.4 应急检查	按规范要求及时开展隧道应急检查,检查技术先进合理,重点突出,检查记录规范完整,得 15 分;检查内容、方法不够合理,得 8 分;未按规范要求进行应急检查(特别检查),得 0 分	15			
		5.5 专项检查	按规范要求及时开展隧道专项检查,检查技术先进合理,针对性强,检查记录规范完整,得 15 分;检查内容、方法基本合理,但针对性不强,得 8 分;未按规范要求进行专项检查,得 0 分	15			
		5.6 汛前检查	汛期前开展有针对性的检查,得 10 分;未开展,得 0 分	10			

续上表

<table>
<tr><th>二级指标</th><th>三级指标</th><th>评分项目</th><th>评 分 标 准</th><th>分值</th><th>土建</th><th>机电</th><th>均分</th></tr>
<tr><td rowspan="12">执行力指标
38</td><td rowspan="3">功能维持或加固
22</td><td>6.1 清洁(维护)</td><td>按规范要求频率开展清洁(维护)工作,且清洁(维护工作)满足隧道功能维持需求,得 20 分;未按规范要求频率开展清洁(维护)工作,或清洁(维护工作)不到位,得 10 分;未开展清洁(维护工作),得 0 分</td><td>20</td><td></td><td></td><td></td></tr>
<tr><td>6.2 预防性养护</td><td>实施了一定的隧道预防性养护措施,得 40 分;未采取隧道预防性养护措施,得 0 分</td><td>40</td><td></td><td></td><td></td></tr>
<tr><td>6.3 病害处治或加固改造</td><td>及时对重要病害进行了处治或加固改造,处治效果较好,且相关资料齐全,得 40 分;处治效果一般,相关资料基本齐全,得 20 分;处治效果较差,得 10 分;未及时对重要病害进行处治或加固改造,得 0 分</td><td>40</td><td></td><td></td><td></td></tr>
<tr><td rowspan="5">技术档案管理
22</td><td>7.1 建设期间资料</td><td>隧道设计施工图、竣工图、施工监控资料,以及施工过程中的试验检测及科研资料等齐全,且管理规范,得 20 分;资料齐全但管理不规范,得 10 分;资料不齐全,且管理不规范,得 0 分</td><td>20</td><td></td><td></td><td></td></tr>
<tr><td>7.2 交(竣)工验收资料</td><td>隧道运营期间加固改造交(竣)工验收资料齐全,且隧道建设期交(竣)工验收资料管理规范,得 20 分;资料管理基本规范,得 15 分;隧道运营期间加固改造交(竣)工验收资料不齐全,或隧道建设期交(竣)工验收资料管理不规范,得 10 分;未见隧道建设期及运营期间加固改造交工及竣工验收资料,得 0 分</td><td>20</td><td></td><td></td><td></td></tr>
<tr><td>7.3 运营管理资料</td><td>隧道交通量记录、事故记录等运营管理资料齐全,管理规范,资料签署齐全,且有分析、总结、改进等记录,得 20 分;无分析、总结、改进等记录,得 10 分;隧道交通量记录、事故记录等运营管理资料不完整,无资料签署或签署不全,得 5 分;未见隧道运营管理记录资料,得 0 分</td><td>20</td><td></td><td></td><td></td></tr>
<tr><td>7.4 隧道管理系统</td><td>建立了公路隧道信息化管理系统,系统功能完善、数据准确,更新及时,得 20 分;建立了隧道信息化管理系统,数据不准确或更新不及时,系统功能不完善,得 10 分;未建立公路隧道信息化管理系统,得 0 分</td><td>20</td><td></td><td></td><td></td></tr>
<tr><td>7.5 防灾及结构监测</td><td>水下隧道应加强防灾监测系统、结构健康监测系统及防护系统建设,建立系统并定期完成监测评估报告,不断完善评估制度,得 20 分</td><td>20</td><td></td><td></td><td></td></tr>
<tr><td rowspan="2">定期培训
17</td><td>8.1 安全培训</td><td>按年度组织隧道安全培训,年度培训内容全面,得 50 分;培训内容不够全面,得 25 分;年度未组织过隧道安全培训,得 0 分</td><td>50</td><td></td><td></td><td></td></tr>
<tr><td>8.2 技术培训</td><td>每年应组织各类(养护管理知识类)培训、交流或竞赛活动不少于一次,效果较好,得 50 分;组织培训、交流或竞赛活动,但效果一般,得 25 分;未组织,得 0 分</td><td>50</td><td></td><td></td><td></td></tr>
</table>

续上表

二级指标	三级指标	评分项目	评 分 标 准	分值	土建	机电	均分
成效指标 35	附属设施管理 29	9.1 消防、监控、救援等安全附属设施设置	设置了消防、监控、救援设施,设施齐全,且设置合理、有效,得 40 分;不够齐全,或不能保障使用,存在安全隐患,得 20 分;未按规范设置,得 0 分	40			
		9.2 安全警示标志和交通标志	安全警示标志和交通标志齐全,使用正常,得 30 分;部分使用不正常,得 15 分;未按规范设置,得 0 分	30			
		9.3 逃生通道的设置	按规范设置逃生通道(车通及人通),通道门规范且能正常使用(含灾害联动),得 30 分;通道门不规范或不能正常开启(含灾害联动),得 15 分;未按规范设置逃生通道(车通及人通),得 0 分	30			
	通行安全管理 29	10.1 管线设施管理	隧道内不存在堆放物品、搭建设施以及铺设高压电线和输送易燃、易爆或有毒有害气体、液体的管道,满分 10 分	10			
		10.2 安全监测和预警	隧道出现重要病害,及时进行了结构安全监测,数据真实准确、运行正常,得 10 分;监测效果一般,得 5 分;未进行监测,得 0 分	10			
		10.3 应急管理	隧道养护管理部门制定了专门针对隧道应急预案,制定合理或针对性地制定了各类型专项应急预案,内容全面,可操作性强,得 15 分;内容不够全面,可操作性一般,得 5 分;未制定应急预案,得 0 分	15			
			按照要求定期组织应急演练,总结应急经验并进行专项评估,及时更新应急预案,得 20 分;按照要求定期组织应急演练,但未总结应急经验、未更新应急预案,得 10 分;未进行应急演练,得 0 分	20			
			应急设备齐全、维护到位,得 10 分;应急设备不齐全或维护不到位,得 5 分;无应急设备,得 0 分	10			
			应急救援队伍业务培训效果好,得 10 分;培训效果一般,得 5 分;未开展培训,得 0 分	10			
		10.4 联动协调	与地方公安交通管理、反恐、消防、交通运输、安监和卫生医疗等单位建立了联动协调机制,水下隧道还应与海事、航道等单位建立联动协调机制,并能有效实行,得 10 分;协调机制涉及单位不全面,或不能有效实行,得 5 分;完全未建立协调机制,得 0 分	10			
		10.5 风险防控	隧道养护管理单位应建立健全风险管理和隐患排查工作制度,编制风险辨识手册,建立风险动态监控机制,满分 15 分	15			

续上表

二级指标	三级指标	评分项目	评分标准	分值	土建	机电	均分
成效指标 35	基础管理与养护技术创新 14	11.1 养护科学决策	建立了养护科学决策相关制度或规范,明确了数据采集、分析评定、计划编制的方法、程序和要求,年度养护工程计划和养护方案编制科学,依据充分,得40分;未明确数据采集、分析评定等方法,得20分;未建立相关的制度或规范,得0分	40			
		11.2 养护技术研究与应用	注重养护实用技术的研究并取得相应技术成果;大力推广养护新技术、新材料、新工艺、新设备,并取得明显成效,得60分;注重养护实用技术的研究并取得相应技术成果,得30分;未见技术研究成果的转化,得0分	60			
	隧道专项处置及其他 28	12.1 完成部交办工作情况	完成了部交办的工作,工作质量高,得80分;实施效果一般,得50分;实施效果较差,得30分;未完成部交办的工作,得0分	80			
		12.2 其他	受检单位组织得当、纪律严明,配合工作积极认真,得20分;受检单位组织、纪律较强,配合工作较认真,得10分;受检单位无组织、无纪律,配合不当,得0分	20			

附录J　重点隧道技术状况复核方法与标准（规范性附录）

表J　重点隧道技术状况复核方法与标准

<table>
<tr><th>二级指标</th><th>评价项目</th><th>评 分 标 准</th><th>满分值</th></tr>
<tr><td rowspan="5">土建结构技术状况评定结果评价
30</td><td rowspan="2">技术状况评定合理性、规范性</td><td>结合现场和报告中病害记录情况,9 个分项技术状况值评定合理,土建结构技术状况评定分类规范,得 70 分</td><td rowspan="2">70</td></tr>
<tr><td>分项技术状况评定存在不合理现象时,每存在一个分项不合理扣 6 分。土建结构技术状况评定分类不规范时,扣 16 分</td></tr>
<tr><td rowspan="3">最近一次定期检查报告评价</td><td>定期检查报告内容全面、病害记录完整、建议合理,得 30 分</td><td rowspan="3">30</td></tr>
<tr><td>定期检查报告内容全面性、病害记录完整性、建议合理性等三方面,每存在一项为基本满足,扣 5 分</td></tr>
<tr><td>定期检查报告内容全面性、病害记录完整性、建议合理性等三方面,每存在一项为不满足,扣 10 分</td></tr>
<tr><td rowspan="11">机电设施技术状况评定结果评价
30</td><td rowspan="4">技术状况评定结果准确性、规范性</td><td>评定周期符合规范,得 10 分</td><td rowspan="4">60</td></tr>
<tr><td>运行记录与故障记录完整清晰,得 20 分</td></tr>
<tr><td>设施故障判断合理准确,得 20 分</td></tr>
<tr><td>计算正确,评定合理,得 10 分</td></tr>
<tr><td rowspan="6">最近一次定期检查报告或记录评价</td><td>定期检修周期符合规范要求,得 5 分;不满足,得 0 分</td><td rowspan="6">40</td></tr>
<tr><td>内容全面,得 10 分;基本符合要求,得 6 分;内容不够翔实,得 0 分</td></tr>
<tr><td>检查深度满足规范要求,得 5 分;基本满足规范要求,得 3 分;不满足规范要求,得 0 分</td></tr>
<tr><td>检查方式、手段科学、合理,得 5 分;每有一项不科学、不合理,扣 1 分</td></tr>
<tr><td>病害、故障记录完整、清晰,得 10 分;每有一项存在问题,扣 2 分</td></tr>
<tr><td>养护建议合理,得 5 分;每有一项不合理,扣 1 分</td></tr>
<tr><td colspan="2">隧道在 1 年内未进行技术状况评定,则按附录 E 所述技术状况抽样检查评定方法进行评定得分</td><td>100</td></tr>
</table>

续上表

二级指标	评价项目	评 分 标 准	满分值
其他工程设施技术状况评定结果评价 5	技术状况评定结果准确性	结合现场和报告中病害记录情况,10 个分项技术状况评定合理,其他工程设施技术状况评定分类规范,得 70 分	70
		分项技术状况评定存在不合理现象时,每存在一个分项不合理扣 5 分。其他工程设施技术状况评定分类不规范时,扣 20 分	
	末次定期检查报告评价	定期检查报告内容全面、病害记录完整、建议合理,得 30 分	30
		定期检查报告内容全面性、病害记录完整性、建议合理性等三方面,每存在一项为基本满足,扣 5 分	
		定期检查报告内容全面性、病害记录完整性、建议合理性等三方面,每存在一项为不满足,扣 10 分	
养护维修效果评价 20	养护维修及时性评价	隧道总体技术状况为 1 类、2 类,得 30 分。隧道总体技术状况为 3 类、4 类、5 类或其他工程设施技术状况为 3 类时,距评定时间不足 1 年,进行了主要病害、故障的养护维修,得 30 分;评定时间距本次监测时间不足 1 年,已经列入处治计划,得 30 分	30
		隧道总体技术状况为 3 类、4 类、5 类或其他工程设施技术状况为 3 类时,距评定时间 1 年内未进行处治,但目前已经列入处治计划,得 15 分	
		隧道技术状况为 3 类、4 类、5 类或其他工程设施技术状况为 3 类时,距评定时间 1 年以上未采取措施也未列入处治计划,得 0 分	
	养护维修效果评价	针对主要病害、故障采取了措施全面、合理性的维修处治,处治效果良好,得 70 分	70
		针对主要病害、故障采取了维修处治措施,处治措施全面性或合理性存在不足,处治效果一般,得 35 ~ 70 分	
		针对主要病害、故障采取了维修处治措施,处治措施全面性和合理性均存在不足,处治效果不良,得 0 ~ 35 分	
		未采取防控措施,得 0 分	
运营期风险防控评价 15	风险管理和隐患排查工作制度	建立了隧道安全风险管理和隐患排查工作制度,制度合理、完善,得 15 分	15
		建立了隧道安全风险管理和隐患排查工作制度,制度尚需完善,得 10 分	
		未建立隧道安全风险管理和隐患排查工作制度,得 0 分	
	风险辨识手册	编制了隧道风险辨识手册,内容合理、完善,得 15 分	15
		编制了隧道风险辨识手册,内容尚需完善,得 10 分	
		未编制隧道风险辨识手册,得 0 分	
	风险动态监控机制	建立了隧道风险动态监控机制,并运行有效,得 15 分	15
		建立了隧道风险动态监控机制,尚需完善,得 10 分	
		未建立隧道风险动态监控机制,得 0 分	

续上表

二级指标	评价项目	评分标准	满分值
运营期风险防控评价 15	防控措施	定期开展隐患排查工作,对发现的隐患及时采取了相应的防控措施,得40分	40
		定期开展隐患排查工作,只对部分隐患采取了防控措施,得20分	
		未定期开展隐患排查工作,未采取防控措施,得0分	
	后评价	对防控措施有效性进行了后评价,并持续改进,得15分	15
		未评价防控措施有效性,得0分	

注:1. 现行《公路隧道养护技术规范》(JTG H12)规定5类隧道应及时关闭,“养护维修及时性评价”中未考虑5类隧道,若该类存在未进行维修的情况,“养护维修效果评价”二级指标得分为0。

2. 养护维修效果评价中,“处治效果良好”是指对隧道土建结构或机电设施维修后,隧道技术状况达到2级或1级;对其他工程设施进行维修后,其技术状况达到1级。“处治效果不良”是指对隧道土建结构或机电设施维修后,隧道技术状况未达到2级;对其他工程设施进行维修后,其技术状况未达到1级。

附录K 重点监测桥梁上报数据附表(资料性附录)

表K-1 重点监测桥梁养护管理现状表1

桥梁名称		养管单位		省级监管单位			
组织机构情况	(详细说明)						
公路桥梁养护管理工作制度执行情况	严格执行的内容						
	根据自身桥梁特点调整的内容						
公路桥涵养护规范执行情况	严格执行的内容						
	根据自身桥梁特点调整的内容						
单位内部养护管理相关制度或办法制定情况							
安全运营责任制度	□有 □无	专用的养护队伍及人数	□有 □无 人数：	专门养护工程师配备	有□ 无□	养护工程师人数	
每年养管资金是否到位	□是 □否	若未到位说明原因					
养护检查及维修经费情况(大桥建成至今)							
年份	年度养护检查资金总额	经常检查资金(元/延米/年)	定检资金(元/延米/年)	年度维护资金总额	预防及修复养护资金	专项养护资金(万元)	应急养护资金
通航管理设置	□有 □无	通航管理工作协调机制		有 □无	船舶监控系统	□有 □无	
日常安全设施/设备设置情况	□检修通道 □消防 □通风 □照明 □救援设施 □安全警示标志 □交通(通航)标志 □其他：		日常安全巡查	□有 □无	日常安全巡查频率		
安全区划定	□有 □无	危险品运输措施	□有 □无	特种车辆通行措施	□有 □无		
专用养护手册	□有 □无	养护管理系统	□有 无	养护管理系统建立时间及使用情况			
健康监测系统	□有 □无	监测项目					
应急预案	有 □无	专项应急预案制定情况					
应急处置设备	有 □无	设备名称和数量		专项应急处置演习	□有 □无	演习频率	
大桥运营通车至今安全事件情况							
日期	事故类型	事故部位	事故致使桥梁结构缺损情况简述	经济损失	修复措施		

表 K-2　重点监测桥梁养护管理现状表 2

<table>
<tr><td>桥梁名称</td><td></td><td>养管单位</td><td></td><td>省级监管单位</td><td></td></tr>
<tr><td>填报人</td><td></td><td>填报时间</td><td></td><td>联系电话</td><td></td></tr>
<tr><td colspan="6">一、经常检查</td></tr>
<tr><td>主要结论</td><td colspan="5"></td></tr>
<tr><td colspan="6">二、突发事件</td></tr>
<tr><td>事件发生时间</td><td>事件类型</td><td>发生部位</td><td>事故致使桥梁结构缺损情况</td><td>经济损失(万元)</td><td>修复措施</td></tr>
<tr><td>日　时　分</td><td></td><td></td><td></td><td></td><td></td></tr>
<tr><td>日　时　分</td><td></td><td></td><td></td><td></td><td></td></tr>
<tr><td>日　时　分</td><td></td><td></td><td></td><td></td><td></td></tr>
<tr><td colspan="6">三、桥梁健康监测分析</td></tr>
<tr><td>监测指标</td><td colspan="5">针对应变、挠度、变位、索力、基频等参数的变化情况进行说明</td></tr>
<tr><td>主要结论</td><td colspan="5"></td></tr>
</table>

表 K-3　重点监测桥梁结构检查及维护情况表

桥梁名称		桥梁编号		路线名称		路线编号	
填报人		填报时间		联系电话			
日常结构巡查	□有　□无	巡查频率		巡查项目			
经常检查	□有　□无	经常检查频率		经常检查项目			
经常检查记录情况	□有　□无	□内容全　□内容不全		□按规范记录表　□根据桥梁特点自行制订			
定期检查	□有　□无	检查频率		委外或自检	□委外　□自检		

缺损部件	易损构件或部位(详细说明)	缺损状况(类型及位置),缺损原因(详细说明)
主梁		
主塔		
斜拉索系统		
主缆系统		
锚碇		
索鞍		
吊索系统		
主拱		
吊杆系统		
桥面铺装		
伸缩缝		
支座		
阻尼器		
墩台基础		
护栏		
栏杆		
标志		
标线		
照明设施		
排水设施		
其他		

定期检查年月(大桥建成通车至今)	全桥评定等级	关键结构技术状况					经常保养小修措施	处治对策
		桥台与基础	桥墩与基础	地基冲刷	上部结构	支座		

维修施工日期(建成通车至今)		维护类别	维修原因	工程范围	工程费用	质量评定	建设单位	设计单位	施工单位	监理单位
开工	竣工									

年度特殊检查类别		特殊检查鉴定结论	
大修、中修工程情况(说明日期、工程量、维修部件及工程费用等)			

表 K-4　重点监测桥梁结构病害情况表

<table>
<tr><td>桥梁名称</td><td></td><td>桥梁编号</td><td></td><td>路线名称</td><td></td><td>路线编号</td><td></td></tr>
<tr><td colspan="8">关键部件/部位缺损状况与维护费用</td></tr>
<tr><td colspan="2">缺损情况</td><td>缺损产生时间</td><td>缺损程度（缺损类型、当前程度与发展历史）</td><td>缺损范围或缺损比例</td><td>维护资金</td><td colspan="2">占总维护资金比例</td></tr>
<tr><td colspan="2">钢结构防护涂层缺损</td><td></td><td></td><td></td><td></td><td colspan="2"></td></tr>
<tr><td colspan="2">钢结构锈蚀</td><td></td><td></td><td></td><td></td><td colspan="2"></td></tr>
<tr><td colspan="2">钢结构焊缝缺损</td><td></td><td></td><td></td><td></td><td colspan="2"></td></tr>
<tr><td colspan="2">钢梁疲劳损伤</td><td></td><td></td><td></td><td></td><td colspan="2"></td></tr>
<tr><td colspan="2">斜拉索护套缺损</td><td></td><td></td><td></td><td></td><td colspan="2"></td></tr>
<tr><td colspan="2">斜拉索锚固系统缺损</td><td></td><td></td><td></td><td></td><td colspan="2"></td></tr>
<tr><td colspan="2">斜拉索锈蚀</td><td></td><td></td><td></td><td></td><td colspan="2"></td></tr>
<tr><td colspan="2">斜拉索减震器缺损</td><td></td><td></td><td></td><td></td><td colspan="2"></td></tr>
<tr><td colspan="2">主缆缺损</td><td></td><td></td><td></td><td></td><td colspan="2"></td></tr>
<tr><td colspan="2">索鞍缺损</td><td></td><td></td><td></td><td></td><td colspan="2"></td></tr>
<tr><td colspan="2">锚碇缺损</td><td></td><td></td><td></td><td></td><td colspan="2"></td></tr>
<tr><td colspan="2">吊索缺损（含索夹）</td><td></td><td></td><td></td><td></td><td colspan="2"></td></tr>
<tr><td colspan="2">混凝土结构防护涂层缺损</td><td></td><td></td><td></td><td></td><td colspan="2"></td></tr>
<tr><td colspan="2">混凝土结构裂缝</td><td></td><td></td><td></td><td></td><td colspan="2"></td></tr>
<tr><td colspan="2">氯离子导致的腐蚀（混凝土桥）</td><td></td><td></td><td></td><td></td><td colspan="2"></td></tr>
<tr><td colspan="2">碳化导致的腐蚀（混凝土桥）</td><td></td><td></td><td></td><td></td><td colspan="2"></td></tr>
<tr><td colspan="2">桥面铺装</td><td></td><td></td><td></td><td></td><td colspan="2"></td></tr>
<tr><td colspan="2">伸缩缝缺损</td><td></td><td></td><td></td><td></td><td colspan="2"></td></tr>
<tr><td colspan="2">支座缺损</td><td></td><td></td><td></td><td></td><td colspan="2"></td></tr>
<tr><td colspan="2">阻尼器缺损</td><td></td><td></td><td></td><td></td><td colspan="2"></td></tr>
<tr><td colspan="2">护栏缺损</td><td></td><td></td><td></td><td></td><td colspan="2"></td></tr>
<tr><td colspan="2">栏杆缺损</td><td></td><td></td><td></td><td></td><td colspan="2"></td></tr>
<tr><td colspan="2">标志缺损</td><td></td><td></td><td></td><td></td><td colspan="2"></td></tr>
<tr><td colspan="2">标线缺损</td><td></td><td></td><td></td><td></td><td colspan="2"></td></tr>
<tr><td colspan="2">照明设施</td><td></td><td></td><td></td><td></td><td colspan="2"></td></tr>
<tr><td colspan="2">排水设施</td><td></td><td></td><td></td><td></td><td colspan="2"></td></tr>
<tr><td colspan="2">其他</td><td></td><td></td><td></td><td></td><td colspan="2"></td></tr>
</table>

表 K-5 20××年重点监测桥梁定期检查数据表

<table>
<tr><td colspan="8">(县级公路管理机制)</td></tr>
<tr><td colspan="2">1. 路线编码</td><td></td><td>2. 路线名称</td><td colspan="2"></td><td>3. 桥位桩号</td><td></td></tr>
<tr><td colspan="2">4. 桥梁编码</td><td></td><td>5. 桥梁名称</td><td colspan="2"></td><td>6. 下穿通道名</td><td></td></tr>
<tr><td colspan="2">7. 桥长(m)</td><td></td><td>8. 主跨结构</td><td colspan="2"></td><td>9. 最大跨径(m)</td><td></td></tr>
<tr><td colspan="2">10. 养管单位</td><td></td><td>11. 建成年月</td><td colspan="2"></td><td>12. 上次大中修日期</td><td></td></tr>
<tr><td colspan="2">13. 上次检查日期</td><td></td><td>14. 本次检查日期</td><td colspan="2"></td><td>15. 气候</td><td></td></tr>
<tr><td>16. 部件号</td><td>17. 部件名称</td><td>18. 评分(0~5)</td><td>19. 特别检查</td><td>20. 维修范围</td><td>21. 维修方式</td><td>22. 维修时间</td><td>23. 费用(元)</td></tr>
<tr><td>1 号</td><td>翼墙、耳墙</td><td></td><td></td><td></td><td></td><td></td><td></td></tr>
<tr><td>2 号</td><td>锥坡、护坡</td><td></td><td></td><td></td><td></td><td></td><td></td></tr>
<tr><td>3 号</td><td>桥台及基础</td><td></td><td></td><td></td><td></td><td></td><td></td></tr>
<tr><td>4 号</td><td>桥墩及基础</td><td></td><td></td><td></td><td></td><td></td><td></td></tr>
<tr><td>5 号</td><td>地基冲刷</td><td></td><td></td><td></td><td></td><td></td><td></td></tr>
<tr><td>6 号</td><td>支座</td><td></td><td></td><td></td><td></td><td></td><td></td></tr>
<tr><td>7 号</td><td>上部主要承重构件</td><td></td><td></td><td></td><td></td><td></td><td></td></tr>
<tr><td>8 号</td><td>上部一般承重结构</td><td></td><td></td><td></td><td></td><td></td><td></td></tr>
<tr><td>9 号</td><td>桥面铺装</td><td></td><td></td><td></td><td></td><td></td><td></td></tr>
<tr><td>10 号</td><td>桥头跳车</td><td></td><td></td><td></td><td></td><td></td><td></td></tr>
<tr><td>11 号</td><td>伸缩缝</td><td></td><td></td><td></td><td></td><td></td><td></td></tr>
<tr><td>12 号</td><td>人行道</td><td></td><td></td><td></td><td></td><td></td><td></td></tr>
<tr><td>13 号</td><td>栏杆、护栏</td><td></td><td></td><td></td><td></td><td></td><td></td></tr>
<tr><td>14 号</td><td>照明、标志</td><td></td><td></td><td></td><td></td><td></td><td></td></tr>
<tr><td>15 号</td><td>排水设施</td><td></td><td></td><td></td><td></td><td></td><td></td></tr>
<tr><td>16 号</td><td>调治构造物</td><td></td><td></td><td></td><td></td><td></td><td></td></tr>
<tr><td>17 号</td><td>其他</td><td></td><td></td><td></td><td></td><td></td><td></td></tr>
<tr><td>24. 总体状况评定等级</td><td></td><td colspan="2">25. 全桥清洁状况评分</td><td></td><td colspan="2">26. 保养、小修状况评分</td><td></td></tr>
<tr><td colspan="8">27. 经常性养护建议:</td></tr>
<tr><td>28. 记录人</td><td></td><td colspan="2">29. 负责人</td><td></td><td colspan="2">30. 下次检查时间</td><td></td></tr>
</table>

续上表

31. 缺损说明				
部件号	部件名称	缺损位置	缺损状况 (类型、性质、范围、程度)	照片或图片 (编号/年)
1 号	翼墙、耳墙			
2 号	锥坡、护坡			
3 号	桥台及基础			
4 号	桥墩及基础			
5 号	地基冲刷			
6 号	支座			
7 号	上部主要承重构件			
8 号	上部一般承重结构			
9 号	桥面铺装			
10 号	桥头跳车			
11 号	伸缩缝			
12 号	人行道			
13 号	栏杆、护栏			
14 号	照明、标志			
15 号	排水设施			
16 号	调治构造物			
17 号	其他			

附录 L　重点监测隧道上报数据附表(资料性附录)

表 L-1　重点监测隧道养护管理现状表 1

隧道名称		管理单位		养护单位	
上年度土建结构技术状况类别		上年度土建结构养护等级		本年度土建结构养护等级	
上年度机电设施技术状况类别		上年度机电设施养护等级		本年度机电设施养护等级	
上年度其他设施技术状况类别		上年度其他设施养护等级		本年度其他设施养护等级	
安全运营责任制度		专用的养护队伍		专用养护队伍人数	
专门养护工程师配备	□有　□无	养护工程师人数		每年养管资金是否到位	
养管资金若未到位说明原因					
日常安全设施/设备设置情况	□有　□无				
日常安全巡查	□有　□无	安全巡查频率		专用养护手册	□有　□无
安全区划定	□有　□无	危险品运输措施		特殊车辆通行措施	□有　□无
健康监测系统	□有　□无	监测项目			
应急处置设备	□有　□无	设备名称和数量			
应急预案	□有　□无	专项应急预案制定情况			
专项应急处置演习	□有　□无	演戏频率			
养护管理系统	□有　□无	养护管理系统建立时间及使用情况			

组织机构情况	
单位内部养护管理相关制度或办法制定情况	

公路隧道养护管理工作制度执行情况		公路隧道养护规范执行情况	
严格执行的内容	根据自身隧道特点调整的内容	严格执行的内容	根据自身隧道特点调整的内容

养护检查及维修经费情况(隧道建成至今)(万元)							
年份	年度养护检查资金总数	检查资金	定期检查资金	年度维护资金总数	预防性养护资金	专项养护资金	应急养护资金

隧道运营通车至今安全事件情况					
日期	事故类型	事故部位	事故致使隧道结构缺损情况简述	经济损失(万元)	修复措施

表 L-2 重点监测隧道养护管理现状表 2

<table>
<tr><td>隧道名称</td><td></td><td>养管单位</td><td></td><td>省级监管单位</td><td></td></tr>
<tr><td>填报人</td><td></td><td>填报时间</td><td></td><td>联系电话</td><td></td></tr>
<tr><td colspan="6">一、经常检查</td></tr>
<tr><td>主要结论</td><td colspan="5"></td></tr>
<tr><td colspan="6">二、突发事件</td></tr>
<tr><td>事故发生时间</td><td>事件类型</td><td>发生部位</td><td>事故致使隧道结构缺损情况</td><td>经济损失(万元)</td><td>修复措施</td></tr>
<tr><td>日 时 分</td><td></td><td></td><td></td><td></td><td></td></tr>
<tr><td>日 时 分</td><td></td><td></td><td></td><td></td><td></td></tr>
<tr><td>日 时 分</td><td></td><td></td><td></td><td></td><td></td></tr>
<tr><td colspan="6">三、隧道健康监测分析</td></tr>
<tr><td>监测指标</td><td colspan="5"></td></tr>
<tr><td>主要结论</td><td colspan="5"></td></tr>
</table>

表 L-3　重点监测隧道结构检查及维护情况表

<table>
<tr><td>隧道名称</td><td></td><td>养管单位</td><td></td><td>填报人</td><td></td><td>填报时间</td><td></td></tr>
<tr><td>省级监管单位</td><td></td><td>审核人</td><td></td><td>联系电话</td><td></td><td>审核时间</td><td></td></tr>
<tr><td colspan="8">一、定期检查</td></tr>
<tr><td>主要结论</td><td colspan="7"></td></tr>
<tr><td colspan="8">二、特殊(专项检查)</td></tr>
<tr><td>主要结论</td><td colspan="7"></td></tr>
<tr><td colspan="8">三、维修加固</td></tr>
<tr><td>时间</td><td>部位</td><td>加固措施</td><td>适用经费</td><td>加固后效果</td></tr>
<tr><td></td><td></td><td></td><td></td><td></td></tr>
<tr><td></td><td></td><td></td><td></td><td></td></tr>
<tr><td></td><td></td><td></td><td></td><td></td></tr>
<tr><td></td><td></td><td></td><td></td><td></td></tr>
<tr><td></td><td></td><td></td><td></td><td></td></tr>
<tr><td colspan="8">四、其他情况</td></tr>
<tr><td>人员变化、交通量变化等情况</td><td colspan="7"></td></tr>
</table>

附录 M 挂牌督办核销报备表
(资料性附录)

表 M-1 省级挂牌督办事项核销报备表

<table>
<tr><td>事项名称</td><td>1.
2.
3.</td></tr>
<tr><td>挂牌督办单位</td><td>省(自治区、直辖市)交通运输厅</td></tr>
<tr><td colspan="2">督办事项概况及整改落实情况</td></tr>
<tr><td colspan="2"></td></tr>
<tr><td colspan="2">报备资料清单</td></tr>
<tr><td colspan="2">1.
2.
3.</td></tr>
<tr><td>省(自治区、直辖市)交通运输厅</td><td>交通运输部意见</td></tr>
<tr><td>单位领导:__________(签字/盖章)
年 月 日</td><td>单位领导:__________(签字/盖章)
年 月 日</td></tr>
</table>

表 M-2　部级挂牌督办事项验收申请表

<table>
<tr><td colspan="2">事项名称</td><td colspan="4"></td></tr>
<tr><td colspan="2">被挂牌督办单位</td><td colspan="2">省(自治区、直辖市)交通运输厅</td><td>挂牌督办单位</td><td>交通运输部</td></tr>
<tr><td colspan="2">申请验收日期</td><td colspan="2"></td><td>验收地点</td><td></td></tr>
<tr><td colspan="6">督办事项及整改落实完成情况概述</td></tr>
<tr><td colspan="6"></td></tr>
<tr><td colspan="6">验收专家名单</td></tr>
<tr><td colspan="6"></td></tr>
<tr><td colspan="3">省(自治区、直辖市)交通运输厅意见</td><td colspan="3">交通运输部意见</td></tr>
<tr><td colspan="3">单位领导:____________(签字/盖章)
年　　月　　日</td><td colspan="3">单位领导:____________(签字/盖章)
年　　月　　日</td></tr>
</table>

表 M-3　部级挂牌督办事项核销申请表

<table>
<tr><td>事项名称</td><td colspan="3">1.
2.
3.</td></tr>
<tr><td>被挂牌督办单位</td><td>省(自治区、直辖市)交通运输厅</td><td>挂牌督办单位</td><td>交通运输部</td></tr>
<tr><td colspan="4">工程验收情况、整改效果概述</td></tr>
<tr><td colspan="4"></td></tr>
<tr><td colspan="4">报备资料清单</td></tr>
<tr><td colspan="4">1.
2.
3.</td></tr>
<tr><td colspan="2">省(自治区、直辖市)交通运输厅意见</td><td colspan="2">交通运输部意见</td></tr>
<tr><td colspan="2">单位领导:__________(签字/盖章)
年　　月　　日</td><td colspan="2">单位领导:__________(签字/盖章)
年　　月　　日</td></tr>
</table>

本规程用词用语说明

1 本规程执行严格程度的用词,采用下列写法:

1)表示很严格,非这样做不可的用词,正面词采用"必须",反面词采用"严禁";

2)表示严格,在正常情况下均应这样做的用词,正面词采用"应",反面词采用"不应"或"不得";

3)表示允许稍有选择,在条件许可时首先应这样做的用词,正面词采用"宜",反面词采用"不宜";

4)表示有选择,在一定条件下可以这样做的用词,采用"可"。

2 引用标准的用语采用下列写法:

1)在标准总则中表述与相关标准的关系时,采用"除应符合本规程的规定外,尚应符合国家和行业现行有关标准的规定"。

2)在标准条文及其他规定中,当引用的标准为国家标准和行业标准时,表述为"应符合《××××××》(×××)的有关规定"。

3)当引用本标准中的其他规定时,表述为"应符合本规程第×章的有关规定""应符合本规程第×.×节的有关规定""应符合本规程第×.×.×条的有关规定"或"应按本规程第×.×.×条的有关规定执行"。